U0021180

alive
城市品味書

說出品味故事，成就你的與眾不同。

明日
柏林

100 個你一定要知道的
關鍵品味

城市的記憶

對一個城市的記憶，也許是某棟雄偉建築背後的一段淒美情事；也許是街邊行人的出色裝扮；也許是一種魂牽夢繫的味道……。無論如何，總有一個美好的原因，讓我們對那個城市的記憶，在最細微的地方停格。

十年前，《商業周刊》為了滿足讀者在生活面向的需求，開始了《alive》單元。現在的《alive》單行本以及您手上這套《alive城市品味書》系列，都是基於同一個初心下的結晶，重視的是文化內涵的傳遞，期待體現「富而好禮」的社會氛圍。這套書裡，編輯以單行本中 10 個不容錯過的品味城市為基底，耗時近兩年，細心蒐羅每個城市的 100 個關鍵品味，從城市印象、藝術、建築、美食、時尚、設計到逛遊等生活角度，全面梳理與揀選。究其內容，與其說是旅遊書，倒不如視為最生活的「文化入門書」更為貼切。

在凡事講求效率與速度的今天，太多人對生活疲憊無感。本書希望能藉由系統化、主題式的規畫，讓您輕鬆掌握關鍵精髓之外，還能以一種不沉重的心情、有餘裕的節奏，欣賞深層的文化底蘊。我們志不在製造另一本旅遊聖經，但求能以一種全新視角和您一同領略不凡。

我會為了一張骨董地圖安排一趟旅行，有些人則會為了一家餐廳而造訪某一個城市，你呢？

《商周集團》生活事業群總經理暨《alive》發行人

目錄 contents

曹家慧 攝

©達志影像

編輯手記
柏林圍牆之外

想到柏林，你想到什麼？

我們做了個非正式的調查，最多的答案，就是柏林圍牆（Berlin Wall）。第二多的答案？沒有！雖然這個城市的名字對台灣人不陌生，這個城市對大家卻非常陌生，以致於想到它，除了圍牆，就再也想不起什麼了。

《alive 城市品味書》為什麼選柏林？在未出刊前，即便整個商周集團內部，都有許多人問了這個問題。沒有巴黎的精品、沒有倫敦皇室的加持、沒有京都悠久的歷史，為什麼是柏林？

一切，要從一位全球頂尖品味的代表人說起。創辦《壁紙》（*Wallpaper*）、現任文化時尚雜誌《單眼鏡》（*Monocle*）總編輯泰勒．布魯（Tyler Brule），接受品味書訪問時，丟了一個問題給我們：「為何不去柏林呢？現在設計界、時尚圈都往柏林跑，那裡有很多事情在發生。」

柏林，吸引了全世界熱愛創意的人，即使在最沉重的柏林圍牆邊，也充滿了對明日的想像。柏林是目前全球設計師最想住的城市；是建築大師必要征服的地方；是一個不容錯過的採買聖地。

柏林，這個既熟悉又陌生的城市，會帶給大家什麼意外的驚喜與領略？就請大家跟著我們走一趟吧。

文 / 孫秀惠

名人談柏林

柏林深曉品味純粹之要，且聽以下幾位名人談柏林，帶領我
們進入柏林的極簡品味中。

許益謙

品味型男

詹逸棠 攝

博上廣告董事長

收至極致的線條，沒有花稍功能，
沒有複雜選單，只要你專心做一
件事。這就是柏林極簡設計最令
人欣賞的境界。

馮亞敏

極簡時尚女王

詹逸棠 攝

喜事國際執行長

不同地域的生活方式，追求同樣
的人性本質。自由與藝術平行
在柏林的街頭，點一杯薑茶，切
下新鮮生薑加熱水，This is your
ginger tea，這就是柏林，也是我
心中所愛：「本質」。

王焜生

當代藝術觀察家

王焜生 提供

台北國際藝術博覽會 執行長

一個城市融合歷史與新潮卻不見
隔閡；每個人都是外地而來塑造
城市氛圍的一分子。當他們驕傲
地說出：「Ich bin ein Berliner（我
是柏林人）」時，訴說的不是出
生的根源，而是對城市的認同與
愛戀。

孫尚綺

旅德編舞家

Sven Hagolani 攝

崎動力舞蹈劇場創辦人

搬到柏林這個耀眼的藝術之都，
沉浸在「尋找自己創作語彙」
的城市氛圍中，德國人理性的
思考方式，幫助我把心裡想說
的話、腦海裡的事情轉換為舞
蹈。

陳思宏

旅德作者

陳思宏 提供

著有《叛逆柏林》、《柏林繼續
叛逆》

柏林髒髒亂亂，到處是鷹架工
地，是個未完成的城市，充滿
文藝氣息，因為它的自由和叛
逆，我在這裡可以舒服當自己！
德國歷經納粹、東西德分裂與
統一等歷史傷痕，對國族主義
很小心，對得來不易的自由很
珍視。

馬丁·路德·金
Martin Luther King, Jr.

美國小說家

©wikipedia

美國人權運動領袖，
1964 年諾貝爾和平獎得主

身在柏林，不禁讓人意識到自
己是站在轉動歷史車輪的中心
點……如果說有誰會持續不斷
地對自己的命運感到敏感，那
麼應該就是東柏林和西柏林的
人。

城市印象 Image

柏林，一個精簡準確、一絲不苟的德國城市；也是一個從壓抑中迸發，玩得最兇、突破禁忌的城市。

一座創意之城

柏林，是全球設計師現在瘋著要去的城市。柏林同時聚集了懷舊、前衛、時尚的生活享受者，並非我們以為冷靜、規矩，甚至有點無趣的德國印象。

 明日柏林
全球設計師最想住的城市

「Berlin，boring？」有人這麼開玩笑，但知名日本藝術家村上隆聽到你這麼説，一定大大不同意。

前柏林市長沃維萊特（Klaus Wowereit）曾説：「柏林貧窮，卻性感（Wir sind zwar arm, aber trotzdem sexy）。」聯合國教科文組織在 2006 年所選出世界第一座設計之都，就是柏林。目前世界最大的「新鋭設計概念展」（DMY），也在柏林。全世界最活躍、最有價值的跳蚤市場；最奔放、最具分量的藝廊，現在，都在柏林。

中國藝術家艾未未在柏林落腳，代表德國參加 2013 年的威尼斯建築展。日本藝術家村上隆，近年以發掘、提攜新藝術家為樂，他也去了柏林，還在這裡開了日本海外目前唯一一家「左甚蛾狼」（Hidari Zingaro）畫廊，準備和柏林藝術家打成一片。

近 20 年的柏林，就像個大磁鐵，吸引了國際的設計人才前往定居、開設公司。2000 年至 2010 年，這裡的創意產業從業人數增加 43％；反觀 20 世紀的設計人才大磁鐵，倫敦，同期增加幅度大約是 13％。

日本服裝設計師山本耀司，近來每年至少會在柏林花 1 個禮拜，私下探訪、找尋柏林現在最有趣的新設計。

《單眼鏡》總編輯布魯辦公室會客區櫃子裡，蒐藏著來自柏林跳蚤市場的舊東德杯具，更不諱言倫敦被比下去了，「創意人才都往柏林跑了。我上個禮拜才從那裡回來……」他説。

文／盧怡安

創意四大態度

「現代」兩個字，可以說是德國人設計出來的。從上個世紀
延燒至今的德國勢力：簡潔、實用、創新材質等獨特語彙，
仍持續影響明日世界。

02 簡潔
少即是多的設計

打從 1904 年，全世界第一位工業設計師，德國的彼得・貝倫斯
（Peter Behrens）設計出簡約的電扇（就是間接影響大同電扇的經
典造型）開始，現代工業設計（industrial design），透過功能主義
（functionalism）所追求的簡潔、實用，至今影響全球。

聽聽蘋果電腦公司（Apple）首席設計師喬納森・埃維（Jonathan
Paul Ive）怎麼說：「我最崇拜的，是德國當代大師迪特・蘭姆斯
（Dieter Rams）。」蘭姆斯創造出簡潔、直線、圓角、全白，被
暱稱為「白雪公主」的這些設計特徵時，賈柏斯（Steve Jobs）還
在整理車庫呢！

還有，越來越多時尚名人在機場被媒體跟拍，拿來擋在鏡頭前面
的，早就不是法國名牌皮件，而是德國鋁合金行李箱「日默瓦」
（Rimowa）。

德國設計的簡潔、創新材質等獨特語彙，仍會是影響世界未來設計
的主要力量。

文 / 盧怡安

彼得・貝倫斯設計的電扇

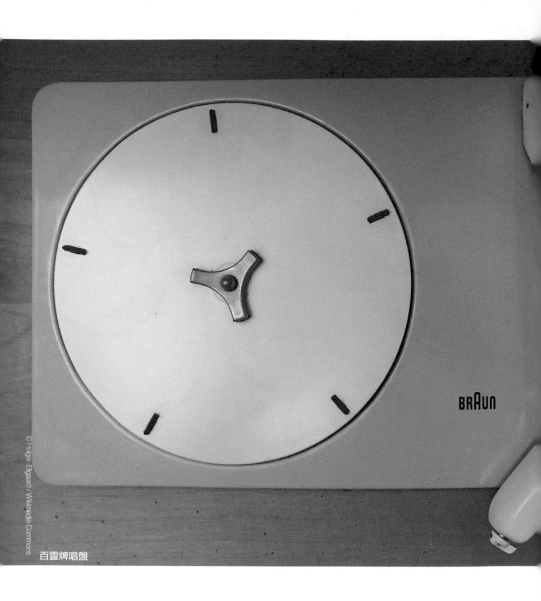

百靈牌唱盤

03 實用
符合生活使用的物品

因為德國，人類日常生活，不再只有布沙發、陶瓷桌燈，以及斜頂的平房。20 世紀的德國設計師，應用玻璃和鋼鐵這類新工業材料，設計出鋼管扶手椅、玻璃桌燈、玻璃帷幕大樓……，重新定義了生活設計。

這背後最重要的推手，是德國「包浩斯」（Bauhaus）。它不是一個人，不是一家公司，而是德國建築師格羅佩斯（Walter Gropius）在 1919 年創立的學校。當時出現新工業材料與技術，包浩斯的教師，包括最有名的建築師柯比意（Le Corbusier），徹底將藝術、工藝、新材料、新技術結合，創造符合生活實用的物品，所謂現代設計就是從這裡開始。

這種強調簡約、實用、少即是多的理念，影響力至今。但必須知道，他們追求的並非表面的風格，而是面對一個新時代的態度：如何將藝術與傳統工藝融入新技術，讓一般大眾能使用與享受，才是他們思考的重點。

文 / 盧怡安

柏林圍牆

020 明日 柏林

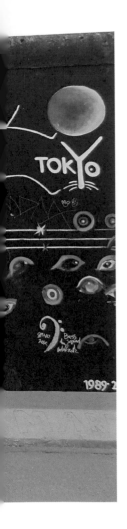

04 奔放
打破界線的新實驗

柏林圍牆在 1989 年被推倒以後，各種態度、思想、意識形態全都湧入，對柏林、也對世界產生了重要改變。

這裡曾有世界最大的同志大遊行，也有《紐約時報》（*New York Times*）評為當代世界最頂尖的夜店「伯格罕」（Berghain），熱門時段想進去，可能要排個 2、3 天的隊才能看有沒有機會進去。

設計師突破設計難度，不斷打破藝術、工藝及科技的界線，整合出符合未來生活所需的最新設計。

曾以典雅風格著稱，亟欲以年輕面貌樹立新形象的法國品牌迪奧（Dior），找了柏林的藝術天王安森‧萊爾（Anselm Reyle）。他擅長以壓克力、鋁箔、混凝土這種特別「不藝術」的材料創作出藝術感。兩者合作推出一套火辣的豔紫、桃紅迷彩手提包，成功改寫迪奧的形象。

文／盧怡安

05 自由
做自己真正想做的事

柏林吸引超過世界半數、195 個國家的人，藝術家、設計師、創意工作者，匯聚這個城市。這股強大吸力背後的關鍵字是：「free」（自由自在）。

過去，納粹、共產、鐵幕，曾經讓這裡是最壓抑、最受限、最單一文化價值的城市。但當圍牆倒了，一瞬間解放了的自由氣氛，像打開蓋子的壓力鍋，突然迸發。柏林取代阿姆斯特丹，成為自由的代名詞。

Free 的另一面是，免費。大量空下的東柏林空間，敞開著大門，藝術家、窮設計師免費霸占下來，做自己真正想做的事。直到現在，柏林市中心的十字山區（Kreuzberg）、米特區（Mitte），許多舊空間每平方公尺仍只要 5 歐元（折合新台幣約 1 坪 644 元）。

這是柏林對設計的支撐力，甚至是一種時尚。知名眼鏡品牌「看見柏林」（ic! Berlin）總部及 DMY 辦公室，都在舊東德烘焙工廠和機械工廠空間中。過去的鐵幕，現在成了自由創意人士的天堂。

文／盧怡安

十字山區廣場上的雕塑

曾懷慧 攝

024 明日 柏林

三大創作面相

國際藝術家最早發現，柏林是個聖地。新的柏林，聚集全世界設計師，專心定睛在未來、為永恆而設計，醞釀出未來的經典品味。

06 既精又簡的好設計

這是台灣上班族再尋常不過的日常風景：一大早，按掉積木式音響上的鬧鐘，飛奔進玻璃帷幕大樓裡的辦公室，幸好還有時間，可以在接待區的鋼管椅和玻璃邊桌上，快速瀏覽雜誌。中午來不及用餐，以烤麵包機熱兩塊吐司解決。一整個下午，在長懸臂的檯燈下，努力工作。好不容易傍晚回到公寓裡，終於能喘口氣，坐在陽台上白色塑膠花園椅上，喝口啤酒，邊看著襯衫在滾筒洗衣機裡翻騰……。

你知道嗎？這熟知的畫面中所有的現代生活設計，大自玻璃帷幕大樓，小到烤麵包機、塑膠花園椅，全都來自：德國設計。

德國傳統工藝專注簡單、精準設計，柏林延續這種設計精神，仍專注功能、實用。

例如德國朗格表（A. Lange & Söhne），一直是世界最精、打磨功夫甚至超越表王百達翡麗（Patek Philippe）的傳統工藝。什麼樣的複雜機械功能他們做不出來？然而朗格卻回歸表最基本的功能：準確報時。把表面設計得像數字鐘般明確跳時。

在這個什麼都「太多了」的世界，未來，功能好意味著不必多，要簡單，要能用最強的工藝、最高的科技，做到最精。

文 / 盧怡安

07 勇於實驗從本質改變

蘋果設計師崇拜的大師蘭姆斯說：「設計師不是藝術家，至少該是半個工程師。」

在柏林的設計師，一向像個工人或科學家一樣，狠狠地把工作室搞得一團亂，只為嘗試新材料的性能，或將現存材料，天馬行空地應用到原本不可能的領域上。像是把木頭製作成全新質感的軟布料，或利用柔軟的大麻纖維製作成既輕又能承重的懸背椅。

DMY 執行長修爾曼（Joerg Suermann）說，在 1980 年代以後，西方一線大城只有柏林讓居住者不用擔心每日生計，不必在途中，為了餬口要抽身去搞些取悅市場的設計品。

這也使得創作和設計，得以回到最根本的初衷。大部分設計師平均花 6 個月到 1 年，實驗及開發新的材料和新的生產方式，從本質顛覆過去。

08 好設計必須懂得反省

反省，其實是更往前走的動力。

引領世人走入工業設計的德國，歷來發明了許多人造實用材料：塑料、聚氨酯等等，卻也是最早開始反省，放棄核能發電、放棄塑料，成為世界改善二氧化碳排放量第一名的國家，也創造了許多世界上最早的天然材質設計品。

同時，因種族單一化主義引起世界大戰的德國，更懂得徹底反省歷史錯誤，在柏林創造了世界最多、最震撼的紀念與自省建築，有著與眾不同的美學脈絡。

文 / 盧怡安

天然材質設計品

曾國慈 攝

六個城市小幽默

柏林人的嘲諷，展現裂解後的美感，那股對大局的幽默及無奈，只要花點心思觀察，在街頭俯拾可見，然後你會發現，柏林人真的玩很大！

09 建造柏林圍牆的兩大強人當街親吻

如果在世界上選一個悲情首都，柏林應該是首選。在德國最輝煌的近 250 年中，從普魯士王國、德意志帝國到威瑪共和國，柏林一直是首都，集所有榮耀於一身，納粹上台後，柏林更是歐洲強權的重要基地。極盛之後，跟隨著卻是一連串的悲情，納粹垮台、美蘇對抗至後來的柏林圍牆豎立。兩世紀半以來，柏林聚集太多複雜情緒，目睹太多悲歡離合、爾虞我詐，這一切在 1989 年柏林圍牆倒塌之後畫上句點。

冷戰時期共產陣營權力最大的強人接吻：蘇聯前總書記布里茲涅夫（Leonid Brezhnev）及戴眼鏡的前東德中央委員會總書記何內克（Erich Honecker），兩個建造柏林圍牆的人，在圍牆倒塌 20 週年紀念日時，被俄羅斯藝術家盧柏（Dmitri Vrubel）這樣畫在圍牆上，日後被義大利品牌班尼頓（Benneton）仿效。

面對命運的擺弄，柏林人沒有用悲情的態度來對待，反而用一種戲謔的方式，看待世上的矛盾。因此在柏林街頭上能看見扮成媽媽的德國總理梅克爾（Angela Dorothea Merkel），牽著前法國總統沙克吉（Nicolas Sarkozy）小手過馬路的交通號誌。衛道人士眼中的褻瀆，在柏林人看來，其實是一種對舊權威的解放、一種寬恕、一種裂解，透過這樣近乎戲謔的重組，才能放下仇恨，新生命才有再萌發的可能，也唯有用這樣獨特的寬恕方式，真正的和平才能持久。

文／王之杰

10 狂人紀念碑，戲謔諷刺

全球領袖被畫在拆下來的柏林圍牆上表揚，包括前西德總理勃蘭特（Willy Brandt）、西藏精神領袖達賴喇嘛、印度聖雄甘地、緬甸民主政治家翁山蘇姬，及反種族隔離革命家的南非前總統曼德拉（Nelson Rolihlahla Mandela）等。

然而，另一個角落，也有狂人被畫在紀念碑上，分別有緬甸總統吳登盛（Thein Sein）、敘利亞強人阿薩德（Bashar al-Assad）、利比亞狂人格達費（Muammar Gaddafi）、伊朗總統艾瑪丹加（Mahmoud Ahmadinejad）及非洲國家查德總統德比（Idriss Deby）等，格達費已倒台斃命，阿薩德仍在負隅頑抗，接下來不知輪誰了！

文／王之杰、林美齡

IDRISS
DÉBY
PRESIDENT OF CHAD

MORE
WALLS
TO TEAR
DOWN
MAHMOUD
AHMADINEJAD
OF IRAN

man
down

張家毓 攝

11 戈巴契夫
一舉衝破柏林圍牆

柏林圍牆倒塌，最後一任蘇聯總書記戈巴契夫（Mikhail Gorbachev）居功厥偉，不過柏林人沒有把他供起來拜，反而把他卡通化之後畫在牆上，把蘇聯國旗上的大鐮刀，當成方向盤，一舉衝破柏林圍牆。

12 超人倒栽蔥
沒有英雄的年代

美國超人倒頭栽在柏林街頭，算是對冷戰之後這個「沒有英雄的年代」最好的註解，美國變成一個沒有方向的強權、神力逐漸消失的老大哥，連路人都對超人不屑一顧。

文 / 王之杰

Image 城市印象 033

13 小綠人
生動活潑的紅綠燈標示

德國人有紀律的形象深植人心，但在喜歡遵循規則的生活中，仍能
見到幽默感，像是紅綠燈裡的「小綠人」。

這個名叫「安平慢」（Ampelmann）的戴小禮帽綠色走動號誌人
形（紅燈則是立正的人形號誌），源自於 1961 年的東德交通心理
學家卡爾·佩格勞（Karl Peglau）。他認為人形圖像可以使身處
在繁忙交通的人快速反應，後在 1990 年兩德統一時，因為歷史包
袱，曾經歷不少爭議波折，最終得以持續使用，成為東德希特勒
（Adolf Hitler）時代少數留下的文化遺產。

但近年來因有德國議員反映應推行女版小綠人，除可使燈號明亮區
域擴大，讓行人眼睛一亮增加辨識度，也符合現代追求兩性平權的
社會，所以現在德國東部如德勒斯登（Dresden）、菲爾斯登瓦爾
德（Fuerstendwalde）、松托芬（Sonthofen）等城市，已把小綠人
標誌改成綁辮子或綁馬尾、穿裙子的女性小綠人標誌。

目前這些誕生 50 多年的男版、女版小綠人，在德國已不單單出現
在交通號誌上，也成了著名的文化象徵，甚至還有專賣小綠人食衣
住行娛樂面向的觀光紀念品店，如馬克杯、行李箱、T 恤等。網路
上還有各國小綠人照片，甚至連專屬餐廳都出現了。

文／宋良音

© 泽志影像

036　明日 柏林

©達志影像

14 柏林熊
出沒在城市各角落

若要說個代表柏林的動物，非「熊」莫屬。從柏林的市徽、柏林影展的金熊獎獎座設計，甚至是在柏林舉辦的田徑世錦賽吉祥物，柏林的大大小小事物總是與熊勾在一起，尤其是散落在柏林各角落兩公尺高的巨型彩繪熊，更是旅人不可錯過的柏林風景。

這些街頭彩繪熊，正式名稱為「聯合巴迪熊」（United Buddy Bears），是由藝術家繪製、兩米高的熊雕塑品。在 2001 年和 2002 年間，開始出現於在柏林的大街小巷和廣場上，至今已超過 350 隻了。這些獨一無二的熊，多數都已被拍賣，所得善款全部捐贈給了兒童救助機構。看中這些風雨無阻的「街頭藝人」魅力，許多企業紛紛借用柏林熊的造型，彩繪自己的花樣來宣揚自家文化，就連台灣也在位於柏林中區的中華民國駐德國代表處大門口，豎立了一隻台版柏林熊。

除了各具意義的彩繪，柏林熊有雙腳站立、倒立及四肢著地等三種姿態，有機會到柏林，別忘了拿起相機，蒐集這些出沒在各個街頭的小驚喜。

文 / 楊以謙

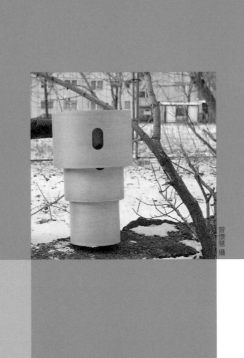

曾懷慧 攝

設計 Design

各方創意聚集，讓柏林成為全球文創力
最火紅的城市，明日世界的未來設計，
就在這裡。

一位設計之神

蘭姆斯是當代影響力最大的德國設計師，從他加入百靈牌
（Braun）設計團隊的那天起，你我生活都受到他的設計影響。

蘭姆斯設計的邊桌

15 蘭姆斯
定義美麗：簡潔不花稍

「當我還是個男孩，我父母買了台神奇的榨汁機：百靈牌榨汁機。身為不愛喝果汁的孩子，我至今清清楚楚記得那款榨汁機。它是白的，冰涼而重。表面完美、醒目、純淨，比例完美、協調而輕鬆……沒有一個部分被隱藏或被強調。輕瞄一眼，你立刻知道是什麼，以及如何使用。」這段讚美，來自蘋果公司首席設計師埃維。他 40 年來最崇拜的設計者，也就是這台果汁機背後的靈魂人物——蘭姆斯。

蘭姆斯在德國百靈公司設計長達 40 年，直至 1995 年。百靈在60 到 80 年代叱吒風雲，全球每個家庭都有百靈的收音機、刮鬍刀、吹風機、時鐘或咖啡機。這些低調卻實在存於世界各角落，你習以為常的家電「長相」，都來自蘭姆斯。可以說，他的設計也就是 80 年後世界所有先進家電品牌，飛利浦（Philips）、索尼（Sony）、卡西歐（Casio）許多產品的原型，甚至影響到蘋果電腦公司。

法國奇才設計師菲利浦・史塔克（Philippe Patrick Starck）有回在派對上向蘭姆斯告狀：「他們（蘋果公司）抄了你的作品！」的確，蘋果的設計中，極少色彩，平滑表面，略帶圓角的四方形，甚至是操作介面上越來越少、越來越直覺的設計，全都符合蘭姆斯精與簡的設計語彙：他定義「美麗」絕非花稍，而是簡潔；「功能好」絕非按鍵更多，而是操作更簡便。對於史塔克的「提醒」，蘭姆斯笑說：「模仿是最真誠的奉承。」

被暱稱為「白雪公主的棺材」的 SK4 音響

俐落、優雅、清晰、嚴謹,這對 90 年代後極簡主義(minimalism)盛行的人們來說,並不稀奇。但蘭姆斯在大戰後經濟起飛、人們欲望膨脹,彩色電視機開始普遍,阿哥哥(Agogo)花稍誇張服飾滿街跑的年代,他就開始如同預言家般,設計出精簡的作品。

和一般立志成為偉大設計師的人不同,蘭姆斯的初衷並不以當設計師為職志。受到當木匠的爺爺影響,他念建築,希望以樸質、平實的方式服務人們,並以室內設計師身分加入百靈,設計展示空間。他和當代處於阿哥哥年代的室內設計師都不同,空間只用低度的色彩和簡單線條,看起來好像「沒設計過」,卻使被展示的商品更加醒目。

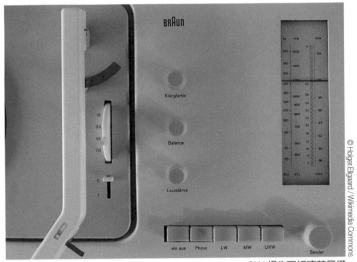

© Holger.Ellgaard / Wikimedia Commons

SK4 操作面板清楚易懂

此舉被烏爾姆造型學院（Hochschule für Gestaltung, Ulm）教師古格洛特（Hans Gugelot）發現，驚為天人。他邀請蘭姆斯從室內設計轉行加入百靈商品設計的團隊。沒想到蘭姆斯與古格洛特合作，初試啼聲的作品，光芒便立刻掩蓋了這位老師。

那是一座可以聽收音機與播唱片的音響「SK4」，兩人將唱盤和收音機的功能各自獨立，可以組裝、也能分開聽，即現在普遍的積木式音響原型。他還為這座音響設計了透明的塑膠蓋子，讓人還未打開就看見機器怎麼操作。這成為「SK4」的音響至今最為人熟知的經典特色，被英國人暱稱為「白雪公主的棺材」（snow white coffin，童話中，白雪公主的棺木蓋是透明的）。蘭姆斯也從商品設計的門外漢，一炮而紅。

蘭姆斯退休後，仍充分表現他的設計哲學觀。其學生、中華民國工業設計理事長郭介誠說，蘭姆斯熱愛日本庭園，喜歡修剪盆景。怎麼修剪呢？他不重視外型，而是重視如何能讓花園中的昆蟲，飛得進去、飛得出來，自由穿梭。一個小小的盆栽修剪，同樣也反映他的理念：機能，永遠先於造型。

文／盧怡安

設計十誡

蘭姆斯曾經自問：「我的設計是優秀的設計嗎？」於是他提出「設計十誡」，從此廣受全球設計師奉為圭臬。

百靈牌計算機

16 創新，設計與技術一同革新

蘭姆斯認為好的設計，首先要創新（innovative），同時與技術的革新並進，特別是不要害怕伴隨著科技而來。用設計，讓科技變得簡單。

這也是蘭姆斯在設計上最大的貢獻，就是讓人不害怕接觸突飛猛進的新生活科技。例如，計算機仍是新科技之時，讓人既新鮮又畏懼。然而用蘭姆斯的設計產品，不須看繁複說明書，他將計算機的等號鍵，設計成盤面唯一一顆醒目的鮮黃色鍵，讓人看了就想按它；再把相同功能的加減乘除鍵排在同一列，形狀和數字鍵區分開來，第一次摸到的人也能了解怎麼使用。到現在，一般計算機仍未跳脫他設計的邏輯甚至用色。

17 實用，以功能性出發

所有好的設計，都要以功能性出發，達到實用（useful）的目的。

18 美感，簡潔不花稍

蘭姆斯定義的美感（aesthetic），絕不是花稍的繁複設計，強調的是簡潔之美。

19 不言自明，讓產品說話

好的設計產品自己會說話，榨汁機、咖啡機、刮鬍刀，看一眼就知道是什麼，如何操作，讓設計商品不言自明（helps a product to be understood）。

©Phrontis / Wikimedia Commons

©Phrontis / Wikimedia Commons

20 不浮誇，兼具功能與裝飾性

一個好的設計不需要爭奇鬥豔，不必浮誇目的（unobtrusive），在功能與裝飾性之間取得平衡。

21 誠實，贏得信賴

任何誇大不實的設計或宣傳，都是對產品的傷害，誠實（honest）才能贏得消費者的信賴。

蘭姆斯設計的系統櫃

22 堅固，讓產品更耐久

堅固耐用（durable）很重要，蘭姆斯在百靈設計的第一個產品
「SK4」音響，拋棄傳統木製外殼，採用工業金屬殼，就是為了讓
產品更耐久。

23 堅持細節，絕不妥協

就像所有時尚工藝品，好的設計一定要堅持細節（thorough to the
last detail），絕不能妥協。

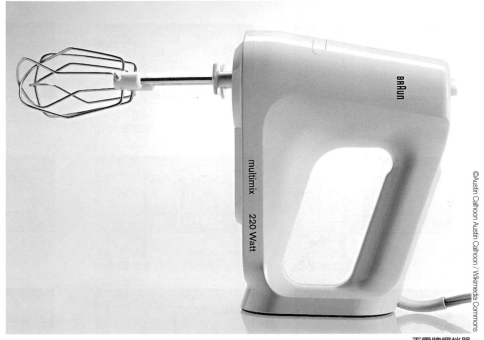

百靈牌攪拌器

24 環保，對環境友善

一個好的設計對環境要友善（concerned with the environment），
以減少污染及節省資源來落實環保。

25 越少設計意圖越好

最後，蘭姆斯認為，好的設計是越少設計意圖越好（as little design
as possible）。「少，但是更好（Weniger，aber besser）。」這是
他的名言。

文／盧怡安、林美齡

包浩斯宿舍陽台

一個設計啟發

今天我們會有鋼骨帷幕大樓,會有懸背椅,背後最重要的推手,是德國的包浩斯。

26 包浩斯學校
現代設計從這裡開始

包浩斯德文的原意是「建築之家」(house of building),旨在將適合機械時代的簡潔風格帶入平常人家,取代維多利亞時代(Victorian era)的繁複奢華風格,試圖去除工匠與藝術家之間的界線,訓練實務與理論並重的設計人才。

包浩斯的教師是來自建築、藝術各界好手,包括著名的建築師柯比意、密斯‧凡德羅(Mies van der Rohe)、畫家康丁斯基(Wassily Kandinsky),他們將藝術、工藝、新材料、新技術結合,所謂「現代設計」就從這裡開始。

包浩斯校舍本身,即是完整包浩斯建築理念的表達。大片玻璃立面展現材質特性,同時增加採光面積,線條簡潔空間多元,表現出低裝飾性的建築特性,也等於是創校校長格羅佩斯的建築宣言。

聳立在紐約街頭的西格拉姆大樓(Seagram Building),則是由密斯‧凡德羅詮釋現代設計建築的最好例子。論其外型,沒有一點贅飾,盒子的造型平整簡潔,就像個玻璃盒子,完成居住、辦公的任務;以鋼骨取代了磚牆支撐的功能,大片玻璃既是裝飾也是牆,徹底實踐「少即是多」。

包浩斯校舍

包浩斯追求的並非表面風格，而是面對一個新時代的態度：如何能將藝術與傳統工藝融入新技術，讓一般大眾能使用與享受，才是他們思考的重點。

時至今日，若說包浩斯對我們仍有深遠的影響，如何再度打破藝術、工藝及科技的界線，整合出符合未來生活所需的實用設計，一直是包浩斯給全世界的啟發與挑戰。

文／盧怡安、王彥又

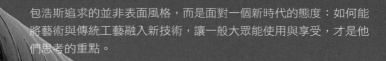

包浩斯小檔案

時間：1919 - 1933 年
理念：13 個工作坊，結合建築、工藝、與藝術，講授並發展設計教育。

包浩斯共歷經三位校長，分為為創校者格羅佩斯、漢那士‧梅耶（Hannes Meyer）及密斯‧凡德羅，1933 年在納粹政權的壓迫下，宣布關閉。二戰後，校友比爾（Max Bill）以包浩斯為典範，設立烏爾姆造型學院，延續現代設計的精神。

包浩斯三堂課

包浩斯主張形隨機能（form follows function）、忠於材質（truth to materials）、少即是多的教條，影響至今。

©Spyrosdrakopoulos (Wikimedia Commons)

名家之屋

名家之屋

27 形隨機能，造型並非裝飾

形隨機能，這條設計準則最早於 19 世紀初，由建築師路易斯·亨利·沙利文（Louis Henri Sullivan）提出，主要論點是設計作品的造型應是隨著其使用機能而改變，非裝飾性的。

沙利文曾說，「自然間各物體皆有其形狀，可被分辨，因此而有該表現的造型，如花草鳥獸。」

格羅佩斯設計的柏林白色住宅「名家之屋」（Meisterhäuser），線條方正簡潔，以採光需求開窗；以及紐約古根漢美術館（The Solomon R. Guggenheim Museum），造型雖奇怪，其走道的設計卻服務了觀賞動線的流暢性，都是機能主導外型的例子。

文／盧怡安

©wikipedia

瓦西里椅

28 忠於材質，展現實用結構

1925 年匈牙利建築師馬賽·布魯爾（Marcel Lajos Breuer）從腳踏車彎曲的鋼管把手上突發奇想，就用鋼管，配合帆布和織品等材料，在工廠技師協助及不斷實驗之下，利用金屬的延展性，終於創造出世界第一張量產的鋼管椅：瓦西里椅（Wassily Chair）。他提道：「金屬家具是現代居室的一部分，它是無風格的，因為除了用途和必要結構外，並不期待它們有任何的表現風貌。」

29 少即是多，建築線條精簡

1929 年由密斯·凡德羅為巴塞隆納世界博覽會設計的德國館（Barcelona Pavilion），只有一個頂、一個底、幾個邊，是將一切減至最低限度的建築。由於建造德國館的目的是參加展覽，僅僅設計為臨時建築，於 1930 年初被拆除，從建成到拆除甚至不足一年時間。不過，1983 年到 1986 年，幾個西班牙建築師根據原始平面圖和一些黑白照片，重建了這座線條精簡的德國館。

文／盧怡安、王彥又

巴塞隆納德國館

一個文創基地

柏林，歐洲竄起最快的文創新星。柏林人平均年齡號稱只有 35
歲，讓這座城市整個青春了起來，全世界的年輕人越來越哈柏林，
因為最有創意的好點子，都在這裡。

Betahaus 工作室

30 Betahaus
創新點子實驗場

「巴塞隆納太優閒，沒有動態的感覺；倫敦就是給公司去的，不太像可以創業的地方；而維也納，嗯，相當優雅⋯⋯。」新生代創業家這麼說著，所有德國的年輕人都知道，如果想要做些什麼新的東西，柏林，就是我的選擇。柏林變成各種創業點子的實驗場。根據德國政府 2010 年的統計，每一萬個居民中成功創業的比率，柏林高居全國之冠。

走進柏林位在東南方，過去較為貧困的土耳其區內的貝塔屋（Betahaus），這是全球正流行的共同工作室（co-working space）建築，也是新游牧族工作基地，一棟 6 層樓的建築裡就藏著上百個點子。這裡的座位以小時出租，年輕人帶著點子來，在這租個位置，就能跟其他人分享信箱、地址、影印機，還有創意。火花，就此誕生！

單在柏林，較具規模的共同工作室已超過 30 個，還按產業別分成時尚、攝影、科技人專用。這些創意人逐低成本而居：以前創業要考慮市場，但現在有電腦和網路，地點不成問題，辦公環境與低廉生活成本最重要。同時，他們也逐「夢想」而居：共同工作室的裝潢並不豪華，吸引他們而來的關鍵其實是，這裡也有一群對未來有想像，並且無懼在危機入市的同伴。

曾經「一無所有」的經歷，成為柏林最大的資產，讓這個城市包容、多元、無所懼，打破過去德國民族性格的限制。最後，柏林擊潰了百年來的詛咒，迎向新生。年輕人在柏林找到的自由，不只是低消費水準，還有創意的自由，整座城市都在說「不！我就是要用我的方式做！」與眾不同的點子和設計，就從這裡長出來。

文／劉致昕

張家毓攝

Info.
貝塔屋（Betahaus）
地址：Prinzessinnenstraße 19-20, 10969 Berlin
電話：+49-30-6098-0927

一大未來設計展

2006 年，柏林被聯合國教科文組織選為世界首座設計之都；但近來將柏林持續推升為設計師朝聖、世界創意匯集之都的，是 DMY 設計展。

31 DMY 設計展
好玩、新潮、實驗性

DMY 三個字，是 Design Mind Youngster 的縮寫，指的是以年輕、前瞻、實驗性質強烈的未來設計為重心。10 年來成長 10 倍，現有世界 250 位展覽協力者、6 百多組設計團隊在關注未來趨勢，讓 DMY 成為世界最大的新銳設計概念展。

有趣的是，DMY 展背後的推手，竟曾是一位夜店 VJ。

DMY 設計展執行長約格·修爾曼原是圖像設計師，20 多年前來柏林，定居在文化、種族、意識形態最多元、最混亂的十字山區，就是警察會特別留心的區域，卻也是兩德統一後崛起，取代阿姆斯特丹成為最自由奔放的代表。修爾曼熱愛新事物、接納無厘頭的個性，和這裡氣氛相輔相成，很快以圖象設計結合地下音樂的影像視覺，當起 VJ，在夜店搞派對和文化活動。

附近東西德交界處有棟廢棄工廠，挑高 10 米，方便大型設計，他和好幾位還沒熬出頭的設計師，包下來各做各的設計。10 年前，有人跟修爾曼說，光在柏林混，沒人知道我們，不如一起搞個聯盟吧。修爾曼便揪了團，標榜來自柏林的年輕設計師，20 位朋友撐起 DMY 這個品牌打天下。

廢工廠就是最初的展覽場。修爾曼發揮 VJ 功力，晚上辦派對，找外地廠商、國際媒體來參觀。至今，赫赫有名的 DMY 設計展辦公室，還是窩身這棟充滿東德風味的廢工廠。

我們拜訪這座起源聖地。那是座外表冷酷森嚴的三層樓工廠，一開始我們連門在哪都找不到；樓梯間充滿塗鴉，拐來彎去像座迷宮。但沒想到許多設計師還在這裡頭創作：一地焊接過的火花痕跡，大量而巨型的木材、鋼材堆疊一旁，不仔細看還以為是過去機械工廠的殘跡。但線條簡潔脫俗，俐落而有現代感的鋼構家具雛形，就落在一旁。這種戲劇的效果，想必是當初廠商來此的驚喜。

年輕、敢冒險，就是 DMY 的個性。在修爾曼投入後，這種敢做夢的魅力，以驚人速度吸引包括外國如北歐、日本、台灣設計師投靠。歷年展出中，不乏從基礎材料、根本技術或想法改變常規者：如把金屬極薄化做成氣球般的家具；或回收香蕉紙箱製成豪華吊燈；成立一座免插電、自給自足、全面回收利用的戶外廚房工作站，也不是空想。DMY 已不限柏林、不限年輕人，是世界的設計展。現在， DMY 是義大利、英國等設計家具大廠，包括宜家家居（IKEA），每年來搶人、搶創意的必爭之地。

©達志影像

修爾曼説，以前的德國設計，總是和極簡、實用的刻版印象綁在一起；現在，「好玩、實驗性、新潮，才是形容我們的正確用字。」

然而，修爾曼也説，當他看到越來越多成熟的品牌在柏林茁壯，他期待柏林未來 5 到 10 年的設計風格，能越來越從實驗走向專業。他自己將花更多時間，發掘與親近亞洲新秀。事實上，早些年 DMY 常合辦不定期特展的城市與對象，都在米蘭、紐約；近幾年，修爾曼一直積極參與的，是亞洲設計展覽，包括東京、台北設計師週。

他仍保有不以主流為重心、天真愛幻想的初衷，把熱愛天馬行空的挖礦精神帶往亞洲。2012 年甚至舉辦以中國山寨版設計為主題的論壇，聚集了世界的注意力，朝向這原本不受重視的地下設計暗潮。「你看看他們光靠手工的高超技術，還有諧仿、轉換過的設計語言，是天才啊！」他説得很興奮，一反頂尖設計圈那道貌岸然的邏輯。

好的設計，不在乎長得是否如常規、能否用常識去理解，「只要是讓生活更輕鬆的原創，又有故事在裡面。」修爾曼説。

文 / 盧怡安

Info.
新鋭設計概念展（DMY，Design Mind Youngster）
時間：主展覽為每年 6 月為期 5 天
地點：柏林泰波霍夫舊機場（Berlin Tempelhof Airport）展覽館

三位當代設計新鋭

柏林有 16 萬個創意工作者，其中，設計奇才艾斯林格（Werner Aisslinger）、當前設計新星馬克·布朗（Mark Braun），及實驗性質濃厚的很多愛團隊（Ilot Ilov），他們的共通點是，保持著對未來的奇思幻想，卻又實地從生活最根本的需求出發進行設計。

32 艾斯林格
設計界裡的科學家

駐紮柏林的設計師艾斯林格，近 10 年間聲勢如日中天，至少得了 21 項國際大獎。作品歷年來除了進德國自己的博物館，也被重量級的美國紐約現代藝術博物館（MoMA）、大都會博物館（The Metropolitan Museum of Art），以及英國 V&A 博物館（Victoria and Albert Museum）蒐藏，成為「殿堂級」名人。

自 1996 年以來艾斯林格的設計特色，就在於一頭栽進科學裡，研究運用當下最前瞻科技與先進材料，融入生活用品設計。他設計出人類史上第一張聚氨酯泡沫製成的椅子，這種材料是 PU 跑道的近親，抗火耐水能承重，一開始是車輛零件的供應廠商開發出來，還不普遍，就被有科學鼻的艾斯林格嗅到，利用材料的優秀性能製成居家單椅「朱立」（Juli）。那時他才剛成立工作室第 4 年，這張椅子就進了紐約 MoMA 永久蒐藏。

其後，用凝膠做成躺椅、用尼奧普林合成橡膠做成家具……當初性質還沒被完全確認的材料，到他手上好像都跟黏土一樣容易用。

上一個世紀，艾斯林格創下許多最早利用前衛人造材料的設計紀錄，這個世紀，他也領先關注自然材質的最新科技應用，最受矚目的是「大麻椅」（Hemp Chair）。

當艾斯林格聽到德國化學公司，研究出一種水性熱固黏著技術，能將稀鬆的纖維固化成具有硬度、能承重的材料。他立刻拿來做實驗。耐重嗎？防水嗎？能做成多薄？可以塑成各種形狀嗎？於是，他以大麻、亞麻纖維加上新黏著技術，創造出環保可回收，而且重

艾斯林格辦公室，木棧椅變桌腳、硬皮書背變燈罩

量達到新輕量巔峰的椅子。挑戰一體成型的耐重性，是史上第一把能夠不用塑料，採自然纖維成功做出的懸背椅。

「設計師的好時光是 20 年以前的事了。」艾斯林格說，「現在工程師都可以做出任何設計品，」只有靠著研究、實驗、發現新的材料運用方式，「才能成就一個有遠見的設計師。」他笑著說，他不是科學家啦，每天被參數和物理化學搞得頭暈腦脹，但在新科學的層次上，他的確享受設計這件事。

然而最好的設計，「是詩意的、能說故事的。否則要設計師幹嘛？」換了一副表情，有著一雙浪漫、會說話眼睛的艾斯林格不再是科學家。在他的眼中，設計，是記錄雙手觸摸在新材料中的過程，有感情地透過作品，敍說設計師發現新美好生活的旅途故事。

文/盧怡安

33 馬克・布朗
內斂的新生代之星

向德國學界、設計圈，甚至柏林市創意產業部門打聽，誰是新竄起的設計新星？馬克・布朗這名字不斷重複。他成立設計工作室短短 7 年，已被挪威知名燈具品牌、奧地利水晶玻璃品牌，以及義大利代表性家具品牌點名為其設計過。成立工作室的第 2 年，剛贏得歐洲設計獎；2013 年迅速躍升為該獎 8 位評審之一。

布朗位於東柏林的設計工作室，像個木工廠。20 幾把鋸子排了一長排，木料從牆上參差插出，地上擱著他實驗中的新品「通」（TON）圓柱體，是三個高低不同的木製空心圓柱體，有著謎樣的橢圓小洞。

原來，這是一組可攜的家具。矮胖的，你要拿來當椅子、床頭櫃、茶几、踏腳墊……隨便你；略高的，你要拿來當邊桌、凳子、花器檯……也都行。圓柱體內中空，不但可以拎著跑來跑去，還可以三

布朗的設計新品 TON 圓柱體

TON 可以疊在一起　　　　布朗親手用石膏模出作品原型

個疊在一起。簡單到了極致，反而無拘無束，彈性也無限擴大，使用上自由多元。「我希望能使設計是豐富的，即使看上去是那麼簡單」布朗說。

這簡單的設計卻也花了他近 2 年時間。花 6 個月想出原型，但單要用什麼木質，來達到輕薄可手提又扎實，一屁股坐下去不會凹陷？他不斷鑽研，即便現在有了成品，仍不放棄繼續實驗。

從設計學校畢業，布朗的第一份工作是木工。他加入一間 8 人的室內裝潢小公司，專門幫別人裝修廚房。「你親眼親手，感受你做出來的東西是什麼。」這對他的設計概念影響很大：他不會在電腦上設想出一個不可能實踐、也不知道如何使用的花稍點子。即使他擁有德國精密而專業的木工廠當靠山，他還是喜歡自己先動手實驗出原型，才知道該怎麼討論接下來量產的問題。這也是他和許多點子很新、可惜得不到業界品牌青睞與支持的設計師，最大的不同。

「好的設計，」他說：「應該是全新的概念，但人們一看就覺得很親切，知道怎麼使用。」以 TON 為例，他默默淘汰試驗過的至少三種規格，因為那樣的半徑和高度，和一般人家中其他家具的相對比例不夠協調；留下的尺寸，你一看就很想坐上去或擺茶杯上去，不需要人教你怎麼用。這種跟人的生活能一體融合的觀念，就是設計的本質。也難怪德國設計界將他視為明日大師的人選。

文 / 盧怡安

34 llot llov
用玩興設計帶來驚喜樂趣

誰說德國設計都是冷、硬，實用但無趣？當下德國的設計新勢力，正朝著溫暖、天然材質前進。四大未來設計趨勢分別是：老工藝與新製程的結合、用新玩法找出天然材料的新性質、使用者參與設計，以及使用創意的環保回收材質。這些還是有著德國簡約和重視永續性的設計基因，但給人更多的驚喜和樂趣。

像是由包爾（Ania Bauer）、馬立克（Ramon Toshiro Merker）等人組成的 llot llov 團隊，設計出一款 12 公尺長、包覆毛線織品的燈具，長到可以讓你拉到房間裡任何需要光線的地方去，也因此可以創造出顧客自己想要的線條與姿態。

最初，他們只想要一盞可以帶來帶去的燈，拿在手上不燙手。原本要用矽膠包覆外層，但後來卻選擇了毛線織品，花費了整整一年的時間，才通過電器安全的考驗，卻也成為全球獨一無二的有趣毛線燈。天馬行空的瘋狂想法，就是用玩興在設計，且勇於實驗，創造成真。

文 / 盧怡安

六大工藝美學

世界最貴的筆、最準的表、最先進的車,他們有什麼共同祕密?那就是百年來潛藏在德國民族性裡的基因:既要精、又要準。

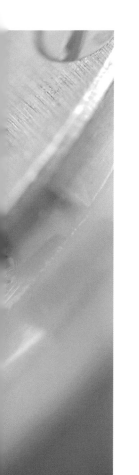

35 朗格表
分秒不差的精準工藝

精與準,一向是德式品味的核心價值。若要選一個最能代表這種精神的德式設計,朗格表應該當之無愧。

朗格表對全球表界影響深遠。上個世紀,朗格創辦人之子理查·朗格(Richard Lange)研究出以鈹合金製造表中靈魂的游絲(感應擺輪震盪的極微小零件,每小時擺動近 3 萬次,是精準的關鍵)。鈹合金耐磨、防磁、抗鏽、熱膨脹係數低,精準度足以提高,從此讓表界也跟隨他的規格。

這種以用最精準的方式,追求最根本的功能,一直是朗格表的工藝性格;若要換一句話來形容,也可以叫「頑固」。

1969 年石英表出現後,機械表全都走向更複雜的功能,指南、測溫、量水深,無所不能,最多可以一次擺上 20 多根指針。外表的設計也追求更多、更華麗,只有朗格,仍牢牢專注在兩件最根本的事:走得更準與更久。

為了這兩個追求,朗格表在看不見的地方,做到世界名表之最:標準步驟最繁複,最多可達到一般高級表廠的兩倍。明明耗時裝好的全新機芯,製表師傅竟毫不猶豫拆散成 624 個零件,再花一倍時間重新組裝。這是為何?維修經理韋伯(Manfred Weber)說,「我怎麼能確定它裝、卸之後還能精準無暇?除非我親自裝過又拆過一遍。」

朗格表的打磨功夫也居世界之冠，可達同級表兩倍時間。因此，朗格表在準度上能夠創紀錄。例如，用來計算陰曆的特殊「月相表」，一般的高級表 122 天後會與實際陰曆出現 1 天的誤差。但朗格表運用更大量精微的小齒輪，達到走 1 千天才可能誤差 1 天的精確度，高於其他高級表 8 倍以上。

目前全世界手上鍊機械表，單次上鍊走最久的紀錄，也是朗格，高達 31 天，發條是其他高級表的 10 倍長度。

這種求精求密的個性，反映在看得到的設計上，卻反而非常簡單。

例如，用數字跳時的「貓頭鷹」（Zeitwerk），用直接的數字告訴你現在幾點幾分幾秒，似乎和電子表沒兩樣。這設計是要讓需要知道時間的人，瞥一眼就知道確切的分與秒。

但事實上，裡頭大有玄機，能在小小的表裡塞進兩個獨立發條盒，各負責跳分與跳秒，讓這個機械表的準度更勝於電子表。這就是馭繁於簡的功力。不管背後技術多複雜，永遠要讓使用者一目了然。

文 / 盧怡安

36 萬寶龍鋼筆
聽出來的筆尖藝術

是否能成為一支好的鋼筆，竟然是用聽出來的。

年屆 60 歲的製筆師傅瑪斯特（Pen Master）老奶奶，超過 40 個寒暑以來，日復一日重複同一動作：執筆在紙面上來回畫「8」。她不只感受筆尖 5 個面觸感滑順與否，還側耳傾聽每個轉彎、每段拉長，與紙磨擦的聲音，是否夠潤、夠婉轉；還是什麼角度仍透露著微微的沙沙聲？那高或低、潤澤或乾冽的微小聲響差距，機器檢查不出來，卻難逃她的耳朵。

所謂精密，在萬寶龍（Montblanc）筆廠，不是機器，而是人的判斷力。

從前美國總統甘迺迪（John Fitzgerald Kennedy）訪德，找不到筆，西德總理遞上萬寶龍的名畫面開始，這品牌的筆見證許多歷史時刻：前蘇聯總統戈巴契夫與德國簽署協議、前英國首相柴契爾夫人（Margaret Hilda Thatcher）與鄧小平簽署香港回歸條約，乃至近期摩洛哥皇室簽署婚約。它承載重要時刻的信任，而背後的關鍵就是人對精密、準確的判斷力。

人的判斷力為何能比機器更細密？萬寶龍的方法是，將製作程序細分到極致，交由不同才能的工匠、設計師，把每件小小流程，都當關鍵一樣專注。單一枚筆尖片（nib），一般步驟約 11 道，但他們最高複雜至 150 項工序，共 60 名師傅參與。

準備黃金基材就 28 道工序，筆尖切割成型、印花、定型、切口、鍍白金……每項流程看似單一動作，卻都細拆至 6 到 15 種程序。

當工匠長年專注單一精微工序，如拆解成 10 項步驟的打磨：焊接好銥金的尖端（tip），輕附在滾動輪軸上，某特定角度的觸感、聲響，甚至氣味，都那麼單調卻熟悉，能讓他們對微小的差距，擁有比機器更敏銳的判斷力。

事實上，集所有精工於其上的筆尖，正是鋼筆的靈魂。

儘管數位時代，鋼筆宛若珠寶，著墨裝飾和筆身雕工，價格差距多鑒於此。但筆尖片還是支持名筆之所以為名筆，最基本與最關鍵所在。包括尖端與紙接觸，是否細緻滑潤，卻有力，像高級跑車般「過彎如切豆腐」；中央隙縫（slip）是否精準，出墨是否順暢、不至漏墨等。

湊熱鬧的，看萬寶龍筆蓋上象徵白朗峰積雪的小白花；看門道的，用眼、用手、用耳感受上百多道精分工序下呈現的筆尖。

除了筆尖，如何鑑賞一支鋼筆？以萬寶龍最為人熟知，暱稱為「大班」、「一四九」的 Meisterstück（意指：傑作）為例，能被蒐藏進紐約 MoMA，筆身材質、外型比例，都是重點。圓潤微胖卻不笨拙的筆身，提供很好的握性，書寫時手心不須過度捏緊，輕含卻能有力。再怎麼修長優雅的細長筆身，終究無法取代此為書寫者思考的經典比例。1924 年以獨家樹脂配方呈現的黑色筆身，是當時新穎且輕巧的材料，簡潔，但使用越久越瑩潤有變化。

創始至今，除兩次刷新金氏世界紀錄中最昂貴的筆，萬寶龍更超越法國精品品牌，是世上首度能將珠寶切割打造為品牌標誌圖形，嵌入作品的品牌，朝著將書寫工具化為珠寶的技術與地位前進。

文 / 盧怡安

37 Burmester
千萬美聲的音響工藝

世界最大頂級音響廠,柏林的柏梅斯特(Burmester),讓挑剔的音響老饕、《音響論壇》發行人劉漢盛這樣評論:「沒有焦點,因為一切都是焦點,每一項表現都是那麼傑出;沒有建議,用什麼器材來搭配都很好聽。」

這是全世界唯一一家從前級到後級、從喇叭到擴大機到線材,都有能力做出高級音響配件的廠商。它的產品從最便宜的 CD 唱盤 20 萬 1 台,到 1 對 3 百萬的喇叭都有,整組音響可以超過千萬元。

不過貴不是重點,劉漢盛形容 Burmester 音響流瀉出的聲音是:透明又厚實、細緻又有力、強烈又溫柔。他笑說,把那麼多衝突的字眼放在一起,不是精神錯亂,而是世界上少有廠商,能表現得這麼平均又出色。既適合拿來聽高低音對比強烈的古典樂,連後方舞台邊緣的細節聲音都清晰;又能聽搖滾樂突然而激烈的大音量奔放,不會有爆破音,依然飽滿凝聚。

這面面俱到的表現力,背後恐怕設計得很複雜吧?不,創辦人迪特・柏梅斯特(Dieter Burmester)一貫的哲學,卻是把最簡單的事,做得最踏實。

當大家採用功能威猛的喇叭端子,迪特還是走自己的路線,只用接點最少的陽春端子。

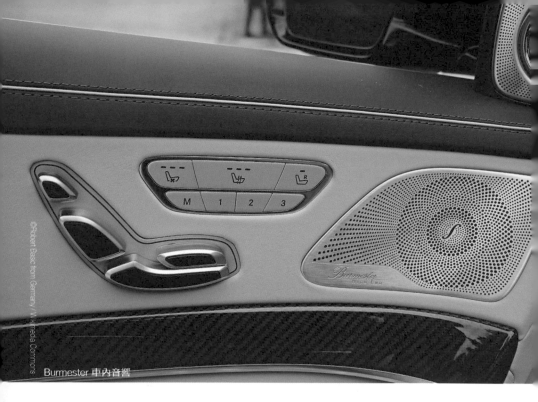
Burmester 車內音響

當上世紀流行用航太科技來製作音響，流行複雜的元件和技術，迪特完全不吃那一套。他不用電容，徹頭徹尾採用直接交連（direct coupling）的極簡電路，讓聲波傳遞的路徑最短，最不失真（但如何避免傳遞時的衝擊，路徑設計卻是高難度）。時間證明迪特是對的，到了 1990 年代後，世界音響大廠無不跟隨此規格。

我們拜訪 Burmester 位於柏林南邊的工廠，想要親眼看看音響蓋子裡的祕密。

打開一個房間，裡頭正在手工組裝電路板，另一個房間，則是測試。大部分音響廠的做法是，抽樣測試。但在 Burmester，不抽樣，每一片，都要真的插上音響，通過最多 50 種測試。

全新做好的喇叭還不能裝箱，每一台，都得插上電源，1 天 24 小時、1 週 7 天，連續「燒」它，取得數值。異常數值一旦超過微小的標準就淘汰。這還不夠，最終檢查，要搬進隔壁試聽室，通過人耳的評斷。此階段全公司僅 5 人能做，每人 1 天只能檢測約 10 台

喇叭音箱中的所有零件，都來自德國自家廠

機器。迪特翻開紀錄本給我們看：沒想到即使通過高密度接電測試，大約 30 件中還是有 1 件會被聽出有微小問題，要重新調校。

劉漢盛說，大部分的廠，把檢查問題留給消費者，Burmester 卻耗費這麼多時間，把所有一般耳朵聽不到的不完美擋下來。也難怪許多人抱著千萬元要買它的產品，卻要等待很久，被說成比超級跑車還難等。

複雜賣弄技術的事，Burmester 不願意做；別人不願意做的事，Burmester 花時間慢慢做。我問迪特，為何能夠這麼耐得住性子？15 歲就擔任吉他手登台演出的他，從口袋翻出來一片吉他彈片，說出內心話：「因為我是單純喜歡音樂，不是喜歡製造機器的人。」原來，一切都是為了最好的音樂感受。

文 / 盧怡安

38 ic! Berlin
全球首創無螺絲眼鏡

ic! Berlin 這個眼鏡品牌，曾因為政壇名人連勝文，在台灣一夕爆紅。當時連勝文陪立委掃街拜票，被人朝臉揮了一拳，眼鏡掉到地上斷成兩截，他撿起來叩答一聲，卡榫馬上裝回去，前後不用 3 秒。原來 ic! Berlin 的眼鏡，不必用螺絲，具有彈性的半公厘薄鋼，摔不壞，嵌合式的有爪卡榫，可以徒手拆裝。大家大讚這種眼鏡真是超有德國工藝與精巧的水準。

創辦人安德爾（Ralph Anderl）一談到眼鏡，相當嚴肅。「我不做『差不多可以』的東西。藝術感？可以，但要做得非常精確。」在安德爾的邏輯裡，夠精確，才能放膽玩。

1999 年，他正在寫他文化研究的博士論文。兩個學藝術設計的人，帶了這款用薄鋼折成嵌合卡榫、無螺絲的眼鏡來找他，「你的光頭可不可以借我們展示？」他就突然被拉進這個領域。

一開始，他們只做鏡框，做得很高興，結果鏡片合不上去。才發現這玩意兒不能只有創意而已，不精準的鏡框和鏡片不合，還會刮傷鏡片。

要多精確呢？以精密雷射切割薄鋼片，已經誤差很低；彷彿鑑識人員的技工，用顯微鏡檢視、修飾曲線。一看，使用的單位是公厘後面 3 位小數點，就是萬分之一公厘。要做到這樣，才能不用膠、軟墊、螺絲，讓鏡框、鏡片、人體三者自然緊密貼合。

安德爾誇張的玩心在哪呢？細扁鏡架上，竟然寫著「support German industry（支持德國產業）」，還有他自己的手機號碼等無厘頭句子，共 130 種不同的怪訊息，全都字超小，21 個字母居然不超過半公分。單要雷射上怪訊息，就要有獨立一間雷射工作區，一班次兩位專員聚精會神手動操作。因為字一糊掉就沒意義了。就連搞怪，都要如此精確。

安德爾說，未來的設計一定更簡單而精確，成品不言自明。簡單，是使用者應該光看就理解設計的邏輯，能自己動手拆解、修理（甚至創新）。因為夠精準，拆或裝都不會有麻煩。誇張一點說，最好連手機都能邁向這種設計概念，這樣才用得久。

文 / 盧怡安、楊以謙

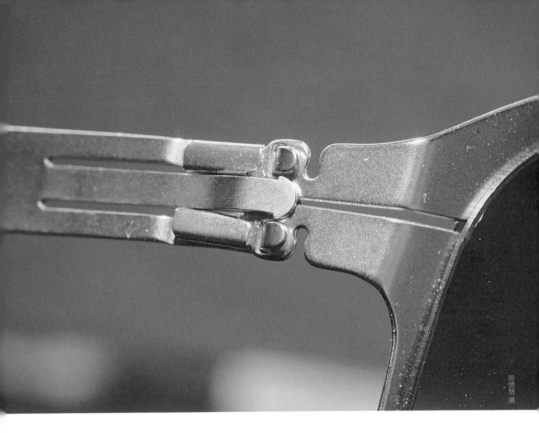

ic! Berlin 三特點

1.徒手換鏡片　外出跟室內的眼鏡需求不同，有時為了衣服穿搭也希望能換個鏡片，ic! Berlin 不用螺絲固定鏡片，故素人徒手可拆換鏡片，讓同樣一副眼鏡，可以呈現不同的面貌，以符合不同時間、不同場合及日夜的需求。

2.薄紙鋼金屬　ic! Berlin 的材質又稱為「薄紙鋼金屬」，0.5mm 超薄不鏽鋼重量只有一般眼鏡的 1/5，且具高度韌性，除了可服貼使用者的臉型，不易斷裂，更不會因久戴造成任何不適；百分百不含鎳的材質也使肌膚敏感機率降至最低。

3.三叉式鏡框　三叉式不鏽鋼專利鏡架從頭到尾一體成型，沒有一根螺絲或是彈簧的存在，用卡榫的原理將鏡框與鏡架緊緊相扣，如此鏡架就不易鬆動、變形。

39 WMF
讓不鏽鋼走進廚房

從爐子上節能的壓力鍋到餐桌上的刀叉,所有你能想到的廚房金屬
製品,都能在達恩福(WMF)找到,WMF 是德國的金屬廚具、餐
具高級一點的國民品牌,德國人家裡或多或少都能找到一兩件。他
們的用具以堅固耐用及抗腐著稱,為什麼?要從他超過百年的歷史
說起。

1853 年,那個工藝樣式繁複奢華的年代,銀製餐具大量被使用於
社交餐宴與貴族家中,WMF 以修理金屬起家,因手藝精湛,進而
成為鍍銀與純銀餐具的供應商,至二戰後因為銀原料的取得困難,
轉而研發能取代銀製品光澤的金屬表面,「Cromargan」這個不鏽
鋼名稱就是他們引以為傲的註冊商標。

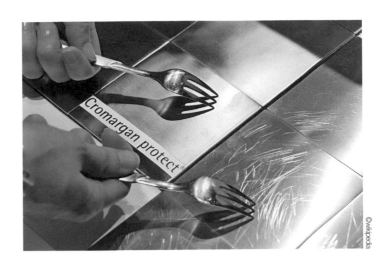
©wikipedia

不同於一般普及的不鏽鋼材，WMF 使用的是不鏽鋼 18/10（stainless steel 18/10），此種不鏽鋼是由 18％的鉻、10％的鎳、72％的鋼組成，比起一般普及的不鏽鋼 18/8 多了 2％的鎳，德國人的龜毛性格就藏在那 2％ 裡。鎳的作用是耐酸，並增加器具的亮度，這種鋼材除了用在醫療器材上，因為抗氯化物腐蝕性高，還可拿來做為船用鋼。誇張一點，拿來傳家比銀器還閃亮耐久好保養。

聽說用 WMF 的刀切東西會上癮，還有人拿同一把刀切冷凍牛排與超軟吐司，最後連水果也捨不得用別的刀切。除了鍋具一體成型的設計外，WMF 使用「三明治」（Trans Therm）技術，在鍋底用兩層鋼材夾著鋁片，有助於熱源的均勻分布與節約能源。

WMF 的設計從繁複的古典風格一路走來，演變至符合現代設計的簡潔實用，德製經典除了冷調的美感，更在乎的是讓藏在細節中的工藝技術使人溫暖，讓廚房裡的每個配角都恰如其分扮演好自己的角色。

文／王彥又

40 賓士
一台給未來的車

一般説到德國車，會得到「比較好、跑起來比較穩」的評論，對德國造車印象，相較於美國、日本或其他國家汽車鮮明。德國車贏得信任並不是今天才開始，早在 19 世紀末，從四衝程內燃機引擎的發明，進而定義出現代汽車架構之後，德國造車工藝就已成為全球汽車產業領頭羊。

這其中品牌歷史超過百年的賓士（Mercedes Benz），更著眼於「未來的人們需要什麼樣的汽車」為設計起點，也讓賓士在過去百年來，為汽車做出許多創新。

賓士更大的貢獻是在「主動安全」科技上，這家車廠在 1959 年便開始動腦筋，嘗試以獨特的機械裝置，介入車輪、引擎與變速箱，讓即將失控的汽車重新受到控制，這個概念隨著微電子與半導體技術的發展，到 1987 年發展成電子穩定系統（ESP）。令人稱道的是賓士並沒有在相關技術上築起專利壁壘，反而授權給其他汽車業界，讓大家共同提升行車安全的品質。

賓士 CLA-Class 堪稱引領汽車工業的明日經典。賓士設計一套精簡「安全預警」（pre-safe）系統，包括標準配備以雷達為基礎的撞擊預警系統，可在時速 7 公里以上啟動，超過 200 公里仍有效。若電腦判斷車子與前後障礙物距離太近，除警告駕駛外，也會啟動煞車輔助系統，計算理論上防止碰撞所需的煞車力道，讓駕駛踩下煞車踏板剎那，便能提供更精準的制動力量。這樣的主動安全防護系統，再次寫下汽車安全新標準。

要成為未來經典，嚴格説來造型設計只能算巧勁，牽涉到工程技術相關的設計突破，那才是硬功夫，透過賓士百年的演譯，德系汽車的精密實驗性格，可以説是一覽無遺。

文 / 蔡智賢

三個設計好點子

品味需要時間醞釀，好品味的事物，則是經過時間沉澱，更見價值。德國的設計好點子，常常就在你身邊，你看見了嗎？

©達志影像

41 巴塞隆納椅
黃金交叉的簡單美

簡單和華麗，是光譜的兩端，常無法並存。到德國以後，這邏輯卻不能成立。俗氣點講，放眼望去，這裡越貴的精品通常都設計得越簡單。

這一點，在走進建築大師密斯‧凡德羅的新國家藝廊（Neue Nationalgalerie），遇見地下室大廳裡擺的「巴塞隆納椅」（Barcelona chair），就是典型的經驗。

巴塞隆納椅是包浩斯的代表作品之一。是 1929 年密斯‧凡德羅為在巴塞隆納舉辦的世界博覽會德國館所設計的，這一張方格狀黑色皮面配鋼骨的兩個大交叉椅腳，可以説簡單到不行。但椅背高度，略寬的座椅長度，就是讓人覺得坐上去的是重要的人。

雖然説 X 腳椅並非密斯首創，但他以極少的材料，一根鋼材，同時是椅背也是椅腳，簡化到只剩發亮的鋼骨，一點也沒有雕龍刺鳳，那弧度卻還是那麼有王室氣勢。沉靜的圓弧線條，透明、協調，整個作品的精練比例任誰都無法再增減，且前可搭古典風，後可搭現代味。難怪巴塞隆納世界博覽會時，德國歡迎西班牙國王夫婦的來到，最尊貴的招待，也就是請他們坐在這張巴塞隆納椅上。最隆重的，就是簡單。

那個黃金交叉的造型讓這把椅子的原版，在當今的拍賣市場仍炙手可熱，仿品更是氾濫。

文 / 盧怡安

42 Falk 地圖
實用有趣的摺紙藝術

同事跟我説,十多年前去柏林時,看到老德人手一本「摺紙一樣」的地圖,設計的方式不像一般地圖集透過翻閱;想去哪個地方,翻來翻去,折來折去⋯⋯可以翻出整本的地圖集,但是摺紙功夫不夠,卻一不小心就會翻破。

我聽不懂。問了幾位住過柏林的台灣人,他們也當我在説夢話。

到柏林我問在地人克理斯(Chris),我剛説:一種很特別的地圖,像摺紙,他馬上就説,喔,「Falk(是這種地圖的品牌)啊!」

哇,一整張超大地圖,左右摺得像扇子,連上下也摺得像波浪,最後可以縮小到 A4 一半尺寸。比例尺很大,路看得很清楚。老德發明這種摺法,可以橫著翻,也可以縱著翻,路一定相連,中間不會斷掉、也不會消失在頁面邊緣。

不過德式工藝,還是需要德式邏輯的人來用。攝影師拿去翻個兩下,沒有耐性,硬翻,就從某頁一角破掉了⋯⋯。

文 / 盧怡安

43 蘭姆斯時鐘
極簡功能美學代表作

這個時鐘眼熟嗎?

生活周遭,其實有許多物件看似稀鬆平常,也許是夏天角落裡的那台風扇,也許是廚房裡一個不起眼的鬃刷,若我們仔細研究了解,可能會發現背後存在著許多的精心、許多對美好生活的用心。

這個時鐘也許你家就有。

你可知道這是出自設計大師蘭姆斯之手?這個已經超過 30 年的設計,如今從許多人每日生活的眼角瞟過,已經不會被仔細審視,卻是經過歲月洗禮的極簡功能美學代表作之一。

再好好探索一下你的周圍吧,也許還有更多大師心血或被大師啟發的好設計。

文 / 孫秀惠

楊文財攝

建築 Architecture

不是名師，不敢來柏林。是名師，不敢
不來柏林。柏林曾是最滄桑的城市，如
今卻是最耀眼的城市。

一大建築精神

苦悶的歷史不堪回首？曾經的傷痕，如今卻迸發成創意，驅動全球建築大師，在此寫下新的一頁建築史。

44 革命力
傷痕建築的反省美學

以德國首都之姿，站在世界舞台上，柏林當代的城市建築樣貌，是最弱，也是最強的。

弱的是，經歷帝國、納粹、共產等政治動盪，思想受壓抑箝制，柏林在地除了漢斯·夏隆（Hans Bernhard Scharoun）外，過去少有世界級的建築師為首都形塑德式風貌。

強的，卻是被戰爭摧毀、有如廢墟的柏林，一改前態，以最自由包容的氣氛，配上最優秀扎實的工程團隊，當代建築師從以玻璃結構聞名的貝聿銘、英國國寶佛斯特（Norman Robert Foster），到當今最紅的女建築師札哈·哈蒂（Zaha Hadid）……，全都來到柏林。沒有一個城市能像它這麼奢侈。

誇張一點說，要稱得上是世界建築大師，一定要在柏林有代表作。

大師表現的手法有很多，但這城市感染他們的共同關鍵字，是反省。柏林是全世界最能透過建築反省歷史、反省人類命運的城市。

曾經最專制、最囂張，也最單一價值觀的柏林，展現驚人的革命力，成為最現代、最開放、最敢認錯者。

文／盧怡安

四大反省建築

柏林沒有抵禦創傷的幸運，但有重生的勇氣。且看大師如何在這塊千瘡百孔的土地上，透過反省，創造出領導世界的新美學。

45 猶太博物館
用無言體驗巨大傷痕

柏林猶太博物館（Jewish Museum Berlin），這是紀念館的極致。歷史不曾過去，無時無刻，只要走進猶太博物館，不必閱讀任何文字、瀏覽任何圖片，當年猶太民族受迫害的感覺，在這裡，你用自己的感官經歷。

主導美國紐約世貿中心一號大樓（One World Trade Center）的丹尼爾‧李伯斯金（Daniel Libeskind），正是猶太裔的波蘭人，擅長體驗型的虛空間。2001 年，猶太博物館剛開放，和所有博物館都不同，一開始裡面甚至什麼展品都沒有，僅僅是空的空間，當年便吸引了 35 萬人參觀。

從屋內朝著如刀劈過的牆面看出去

落葉過道上滿是有眼有嘴的臉

狹小的梯間上頭如鋒利的刀刃穿過

到底參觀什麼？像被亂刀劈過的建築外觀，沒有門。通過狹窄的地道前往，冷冽單調的照明，已經像被別人揪住領口般難以呼吸。整片空間支離破碎，花園甚至地面傾斜。你頭暈，失去方向感，不知道哪裡有路。穿過一條側廊，被頂上壓迫感很重的不規則水泥塊鎮著，走到盡頭才發現沒有路。轉入高塔，裡面一片漆黑，唯一的光線來自高處的裂縫，但幾乎看不清楚。身旁參觀者哀叫著逃出，但另一旁的過道裡，地面是一張張鋼製的臉孔作品「落葉」，唯一通過的方法便是狠心踩在它們有眼有嘴的臉上，讓它們發出鏗鏗聲地走過。

極度抽象，卻又那麼寫實的迫害體驗。

李伯斯金不寫上任何一段話，不放任何一張絕望臉孔的照片，但捕捉到每個人心底的恐懼。這是讓每個不曾體驗過那段真實歷史的人，也會打從心底重新反省的經歷。

文 / 盧怡安

Info.
柏林猶太博物館（Jewish Museum Berlin）
地址：Lindenstraße 9-14, 10969 Berlin
電話：+49-30-2599-3300

筱懷慧 攝

102　明日 柏林

46 歐洲被害猶太人紀念碑園 難以言喻的壓迫感

納粹在二次世界大戰期間屠殺 600 萬猶太人的歷史，一直是德國史上的暗黑篇章，在柏林圍牆倒塌後，德國人開始積極反省，透過建築讓現代人感同身受，來到歐洲被害猶太人紀念碑園（The Memorial to the Murdered Jews of Europe）就能深刻感受。

德國聯邦議院於 1999 年決議、撥款 2,760 萬歐元興建，由美國當代解構主義（deconstruction）大師彼得·艾森曼（Peter Eisenman）設計，在經歷繁複的政治協商、輿論批評和選地考量後，終於在 2005 年落成。

這個柏林最大露天展示場，又稱為浩劫紀念碑，位在著名的地標布蘭登堡門（Brandenburg Gate）旁，主要是由 2,711 塊、長 2.38 公尺、寬 0.95 公尺，高度從 0.2 到 4.8 公尺不等的灰色混凝石碑組成，占地約 2 萬平方公尺，約兩個足球場大，這群紀念碑看似整齊排列，卻又因起伏的地勢而有高低不一的變化，彷彿一片由石棺組成的波浪。

設計上，這些緊密排列的石碑，有人解讀是表現猶太墓園的墓碑，但更深沉的意涵是呈現一種人為因素使得原有秩序遠離人類的概念，讓人走在這宛如迷陣的空間中、找尋出路時，產生巨大心神不安的衝擊，得以感受那段猶太死難者的無助與迷茫歷史。而在紀念碑群東南方的地下檔案展覽館，裡頭藏著當年慘遭納粹屠殺的死難者故事。

文 / 宋良音

© 達志影像

Info.
歐洲被害猶太人紀念碑園
（The Memorial to the Murdered Jews of Europe）
地址：Cora-Berliner-Straße1,10117, Berlin
電話：+49-30-2639-4336

47 恐怖地形圖紀念館
納粹暴行的源頭

德國納粹時期，祕密國家警察蓋世太保（Geheime Staatspolizei）、親衛隊（Schutzstaffel，簡稱 SS）總部和國家安全機構主要辦公室的建築，在 1945 年戰爭轟炸中嚴重受損成為廢墟。柏林圍牆倒塌前的建城 750 週年紀念時，市民曾以「恐怖地形圖」（Topography of Terror）為題，在此地舉辦導覽介紹，並在地下室挖出曾被嚴刑拷打處決的政治犯遺骸，而一度整理成為露天紀念館，後在兩德統一，完成新建物後，正式於 2010 年 5 月對外開放。

以恐怖地形圖為名，主要是從時間和空間的縱深脈絡出發，值得注意的是，這裡並不定位為「歷史遺址」而是「記憶遺址」，讓民眾可以記取這裡曾經是發動、組織恐怖暴行的源頭，同時當作提供人權教育和資訊的處所，藉此保存歐洲受難者的記憶，且鼓勵人們面對 1945 年前後這段無法抹滅的歷史。

目前每年來訪的 50 萬人次，可以在戶外空間和常設展中，了解當時國家社會主義掌權情形，納粹政權歷史、迫害政策，與親衛隊是如何無所不在地滲入全民生活進行恐怖統治。

文／宋良音

Info.
恐怖地形圖紀念館（Topography of Terror）
地址：Niederkirchnerstraße 8, 10963 Berlin, Germany
電話：+49-30-2545-090

48 納粹迫害同性戀紀念碑
禁忌的吻與愛

納粹迫害同性戀紀念碑（Memorial to the Homosexuals Persecuted Under the National Socialist Regime）位在提爾公園（Tiergarten）內，主要紀念二戰期間被關進納粹集中營、遭受迫害的近萬名同性戀者，當時更約有數千名同性戀者死於集中營。

這座紀念碑耗資數十萬歐元，由目前火紅的丹麥建築師麥克・艾莫格林（Michael Elmgreen）與挪威籍建築師英格・德拉格塞特（Ingar Dragset）雙人組設計，於 2008 年完成。由於當時納粹政府對於進入集中營的同性戀男子處以閹刑，並任由飢餓、疾病乃至謀殺死去，但戰後多年，相關團體表示除沒給予補償外，還常將同性戀排除在各種官方紀念活動外，引起不少爭議，因此德國政府決定在德國首都的市中心建造此紀念碑，顯示政府對於這些受害者的承認及紀念。

紀念碑主要由高約 4 公尺的灰黑色長方形混凝土石塊構成，並在一側設計有玻璃觀影窗，人們可藉此窺見放映短片中，兩位男性無止境相吻的黑白影像，以表示同性戀「禁忌的吻與愛」，傳達以往人們曾如此窺視同性戀者。此影像每兩年會輪流替換播放男男和女女接吻畫面。

現在這座紀念碑除了同志大遊行時有相關紀念活動，許多人也會特地到紀念碑前獻花，來緬懷受迫害及歧視的同性戀者。

文 / 宋良音

> Info.
> **納粹迫害同性戀紀念碑**
> （Memorial to the Homosexuals Persecuted Under the National Socialist Regime）
> 地址：Tiergarten, opposite the Holocaust Memorial/Ebertstraße, 10117 Berlin
> 時間：24 小時全年無休

大龍捲風般的透明造型，能反射、調節日光

三棟綠建築

大師們用現代、俐落的手法，打造出綠建築的典範。一棟棟簡約建築，蘊藏著節能、環保，充滿對自然環境的敬畏及友善。

49 德國國會大廈
玻璃穹頂透視珍貴的光明政治

1999 年，搶在英國倫敦代表作千禧橋（Millennium Bridge）落成啟用前，英國爵士佛斯特為柏林修復了最具意義的風景，德國國會大廈（Reichstag building）。

德國國會大廈是柏林亂世命運的縮影。1918 年人民在這裡推翻帝制；但 1933 年旋因這裡遭縱火，助長納粹全面掌政；1945 年蘇聯紅軍把紅旗插在這裡，宣告共產制度；直到 1999 年，將近百年紛亂後，聯邦議會重新在此民主議政。

一度被焚毀、炸成廢墟的屋頂，佛斯特用鋼骨玻璃，重現百年前的圓拱。遊客可由兩道鑲於球體內緣的螺旋步道，走上這顆炫目的半圓球，外眺柏林。但最具深意的並非天空走道，是中央的大漏斗，和其下全透明的玻璃屋頂。

玻璃屋頂有什麼稀奇？稀奇的是，下方，正是議會廳，透過玻璃一覽無遺。什麼國家能開放議會裡一舉一動？這正是德國當今企求光明政治的代表。輕易往下看到議會廳的這一眼，象徵了德國艱辛走過的 1 百年，能不感動嗎？

透明屋頂還有另一層環保科技上的先進意涵。漏斗上 360 片活動鏡面，能將陽光折射進入議會廳。但當太刺眼、太高溫時，能透過電子控制，轉換鏡面角度，回擋光線，多餘熱氣通過漏斗，從上方圓孔排除。加上議會屋頂的太陽能電池等節能設備，整座建築的二氧化碳製造量每年可以減少 1 千噸。不僅具有政治反省哲學，亦為綠建築典範，是世界史上唯一僅有的獨特設計。

文 / 盧怡安

50 新國家藝廊
用極簡線條推翻君主崇拜

以往，冠上國家兩字的建築物，絕對是富麗堂皇、裝飾繁複；以宗教考量為前提的時代，為了表達對上帝的尊崇，尖頂是少不了的。

密斯・凡德羅在柏林所建的新國家藝廊，卻僅有厚厚一層平頂，8支鋼柱，此外全無，彷彿未完成的鋼筋坯體，成為世界上最簡約建築。他用這座建築，表現推翻君主的社會結構。

從技術上來看，超過 1 萬坪米的鋼頂重重壓下來，四角卻沒有角柱，各面僅僅以 2 支鋼柱分擔中心與角落的力道，讓厚頂彷彿浮起來。沒有一根線條能被再簡化，令人歎為觀止。

©達志影像

但更令人崇拜的，是密斯·凡德羅採取這種高難度簡化形式背後的想法。他所用的尺度和比例，令人回想起希臘羅馬時代、以人為中心的幾何形式。他遠遠拋開國家建築一定要用尖頂和裝飾向神或皇帝致敬的觀念，平的頂，象徵一種重新以人為本的平等，這是座不屬於帝王，每個人都能來的藝廊。在 1960 年代落成，總結了風起雲湧的社會主義。

這棟四周全是玻璃的藝廊裡，一樓的光線特別迷人。少了厚厚重重的牆，自然光打在展出的羅馬雕像上，衣服皺摺都更活生生了。視線穿過玻璃，有時雕像還和藝廊外面的老教堂輝映，像在一個平原上欣賞作品，沒有拘束感。

文 / 盧怡安

Info.
新國家藝廊（Neue Nationalgalerie）
地址：Potsdamer Straße 50, 10785 Berlin
電話：+49-30-266-424242

51 柏林火車總站
光能從天頂穿透而下

德國到處可見綠建築，若是透過火車抵達柏林，這座位在施普雷河（River Spree）旁的柏林火車總站（Berlin Hauptbahnhof，簡稱HBF），就會是你第一個遇見的柏林綠建築。

這個號稱歐洲最大的轉運樞紐站，出自德國「格康、瑪格及合夥人建築師事務所」（Gerkan, Marg und Partner，簡稱 gmp）之手，他們為這棟耗費 10 多年，經費高達 8 億歐元的建築，以一貫簡練，禁得起時間考驗的設計，輔以能源再利用的完善規畫，塑造了這個摩登現代的柏林新地標。

蓋好後有 16 個月台、10 多個軌道，可供長途、區域快車（Regional-Express）、城市快鐵（S-Bahn）和地鐵等車種使用，得以應付每天 30 萬人次，1 年超過 1 億人次的客流量。車站在巨型鋼架的挑高主體上，運用大片玻璃製作採光頂棚，讓陽光可直透而下，直達數 10 公尺深的月台，並在上千平方公尺的屋頂鋪上 7 萬多塊太陽能發電板，所得能量更可供該車站整年充分使用。

運用視覺穿透設計的開放立體空間，讓人置身內部 5 層空間裡，無論抬頭或低頭，都可感受到列車往來的穿梭感。此外，該車站也兼具龐大的購物和飲食空間，對來往各地的旅人提供完整的娛樂飽食服務。

文 / 宋良音

Info.
柏林火車總站（HBF, Berlin Hauptbahnhof）
地址：Hauptbahnhof, Europaplatz 1, 10557 Berlin
電話：+49-30-2971-055

© Cherubino / Wikimedia Commons

一大音樂殿堂

從來沒有一座正式音樂廳如此設計，大家圍著樂團坐，你可以挑到正對著指揮生動表情的座位，每一個人都可以盡情沉浸在音樂裡。

52 柏林愛樂音樂廳
愛與和平的聆聽主義

柏林市中心地標林立的波茨坦廣場（Potsdamer Platz）邊上，有座黃色的「大帳篷」。這是柏林愛樂音樂廳（Berliner Philharmonie）。這個音樂廳除了是古典音樂愛好者的聖地，在建築史上也是世界級的；看似其貌不揚的一棟建築物，卻吸引世界上的建築師到此朝聖。諾傳這音樂廳落成時，還有東柏林人冒死翻牆，只為親眼來看。因為，這是世界上第一座打破階級、充滿社會主義人文態度的音樂廳。

音樂廳外型既不雄偉、奇巧、絢麗，也不標榜極簡。事實上，外型不是重點，因為內藏玄機。這是 1963 年全球首創，把交響樂團舞台擺在中央，座位由 360 度包圍著演出者的音樂廳。

把聆樂的親密、平等、愉悅感，帶給世人，是德國城市規畫專家暨建築師，漢斯・夏隆設計這座音樂廳給所有愛樂者的貢獻。在一位建築師應該大放異彩的 40、50 歲年代，夏隆經歷希特勒將人類分等級、分優劣的痛苦歲月。最嚴厲殘酷的專制壓抑，迸發夏隆最博愛的關懷。

夏隆和倡導現代主義的建築師格羅佩斯差 10 歲，也只小科比意 6 歲，但他卻不對當時推翻傳統的標準方格子式建築感興趣。他只對人如何使用空間著迷。因此柏林愛樂音樂廳不僅沒有工整、對稱、簡潔的格線，連一條清晰的中軸線都不容易找。

現代主義建築追尋極簡的線條，為方便多數大眾在世界各個不同地

©達志影像

方，都能平價建構房屋的美意。但對夏隆來說，因為風向、陽光和居民使用習慣微小的不同，甚至同一條街、同一棟建築的左邊和右邊，也不該設計得一模一樣。

夏隆作品中的不規則特徵，被歸為有機建築（organic architecture）。「建築是對功能的回應，是對背景、氣候等條件的回應。」夏隆的好朋友、德國思想家雨果‧哈林（Hugo Haring）為他的有機建築這麼註解。

文 / 盧怡安

Info.
柏林愛樂音樂廳（Berliner Philharmonie）
地址：Herbert-von-Karajan-Straße 1, 10785 Berlin
電話：+49-30-254-880

柏林愛樂音樂廳三特色

柏林愛樂音樂廳內部的具體特色有三點，那是夏隆有機建築的體貼。

53 碗狀大廳，舞台在正中央

柏林愛樂音樂廳獨特的結構，像一個大碗，最底部與中央是舞台，是演出者所在位置。一樓入口進去的大廳，是在碗外，透過不規律出現，卻符合自然動線的導引樓梯，進入碗內表演廳裡。

拜訪柏林愛樂音樂廳那個晚上，我隨機挑選一個櫃台掛好外套，轉身，發現樓梯就在我想去的方向線上；錯綜的不對稱樓梯，和多達9個編號、18塊區域的複雜空間裡，第一次到訪的我卻像走進熟悉的書店般，彷彿知道在哪裡轉彎，自然地走到我那兩千分之一的位置上。這就是夏隆那沒有軸線的軸線，好像他在身旁指引著説：「喏，往ね走就是了。」這讓人無法忘記的貼心感，會讓來過柏林愛樂音樂廳的人，也變成機建築的崇拜者。

柏林愛樂交響樂團來到台北演出時，主辦單位被罵慘了，有觀眾抱怨買上萬元的票還坐到很鳥的位置。我想柏林愛樂的樂師們可能會説，來柏林看我們嘛，每個座位不分票價，全都距舞台不超過35公尺。就算在最後一排，也不需要望遠鏡。「每一位觀眾都在音樂裡。」在德執業建築師林友寒説。

©MrEnglish/ Wikimedia Commons

54 葡萄園座位
兼顧每個聆聽角度

2,215 個座位被分成 18 區。各區即使是同高度,也都不盡然在一個平面上,有獨立不同的斜度和面向舞台的角度差異,像是一塊塊起伏的斜坡,而被稱為「葡萄園」。對台灣人來說,可能說參差的茶園或梯田比較容易理解。這是為減低各區的餘響和反射互相干擾,也為各區得到最好聆聽角度而設計。

要把握指揮正對面的 H 區、K 區,能夠享受指揮正面的表情與動作,是柏林愛樂音樂廳有別於全球其他音樂廳很重要的設計。

55 飄雲反射板
讓音樂平均擴散

不只是座位安排而已，為了讓聲音平均往外擴散，柏林愛樂音樂廳
樂團頭上有數片既像微笑、又像雲一般的反射板，以及天花板角落
反摺的三角形，地位也都很重要。使得馬戲團般的座位，人人都能
感受音樂細微的質地。

文 / 盧怡安

三棟大師建築

柏林是全球建築大師必要征服的地方，像是一系列大使館建築，都是由該國知名設計師操刀，創出一片建築新世界。

柏林荷蘭大使館

56 柏林荷蘭大使館
穿透感渲染力十足

柏林荷蘭大使館（The Netherlands Embassy in Berlin），由世界知名鹿特丹建築師庫哈斯（Rem Koolhaas）所設計，結合大使館安全性與荷蘭熱情開放的民族性來設計，在 2005 年榮獲歐洲當代建築獎（The European Union Prize for Contemporary Architecture）。

庫哈斯的設計受到荷蘭風格派（De Stijl）的影響，擅長運用解構主義，和拼貼、堆疊塊體的組合，將建築元素進行最簡約的處理，以創造出帶有渲染力和穿透感的空間。在設計大使館時，建築體主要由鋼筋水泥、鋁和大型落地窗，組成兩棟分別是 6 面體及 L 型直角的建築，中間則有一個連接大廳。雖然外觀看起來約僅 8 層，但內部運用的樓層卻更多。

為了讓空間更生動，庫哈斯巧妙透過建築對角線和視覺軸線，營造整體空間的開闊性，並運用蜿蜒的螺旋連廊，讓人們漫步其中時，會因為在過程中一下穿過外部的綠色地板懸掛式通道，一下又回到建築本身的空間，並看到施普雷河景觀，讓視覺產生極大的樂趣和變化。

大使館內除了多個辦公樓層，還有健身房和咖啡屋，在會議區還可眺望柏林城市景觀，外人也得以窺見大使館一半的區域，在自身功能性、景觀，以及與當地居民的互動上都做到了完美結合。

文 / 宋良音

Info.
柏林荷蘭大使館
（The Netherlands Embassy in Berlin）
地址：Berlin-mitte, Rolandufer/Klosterstrabe, Berlin

57 德意志歷史博物館
透明旋轉梯的空間魔法

德意志歷史博物館（Deutsches Historisches Museum）共由兩棟建築組成，其一是建於 17 世紀末、由擁有 3 百多年歷史的軍械庫改建而來；另一棟連接舊館舍的新展覽廳，則是在 21 世紀初，由得到「光影大師」和「空間魔術師」之譽的建築師貝聿銘所設計建造，這也是他在德國的首座設計案，2004 年落成後，因善用獨特光影營造出多層次空間，讓許多人折服。

這座新展覽廳，採用玻璃、鋼筋和砂石為主素材。玻璃包覆的弧形曲線，以 3 個透明圓柱體，堆疊成旋轉樓梯，連接大廳和舊館，白天從外面可透過這座玻璃建築，看到人在旋轉樓梯上下時所形成的動態風景，過程中彷彿看到人們在新舊建築中游移時，所貫穿的歷史感，到了夜晚透明梯則會發光。

走入其中，可以看見貝聿銘交錯在各種高度的動線，大廳裡有眾多玻璃組成的天窗，讓人感受到具有高度穿透性的空間經典設計。

現在，於面積 7 千 5 百平方公尺的原有館廳中，可藉由常年展，透過靜態和多媒體的講解，欣賞到數千件記錄德國史上重要政經人文事件展覽品，而 4 層樓、占地 2 千 7 百平方公尺的新館，則以不定期的主題展為主。

文 / 宋良音

Info.
德意志歷史博物館
（DeutschesHistorisches Museum）
地址：Unter den Linden 2, 10117 Berlin
電話：+49-30-2030-4444

©達志影像

馬頭形狀會議室

58 德意志銀行大樓
歎為觀止的前衛活力

位在德國柏林巴黎廣場（Pariser Platz）的德意志銀行大樓（DZ Bank building），是喜歡建築的人不容錯過的地方。

這棟完成於 2000 年的建築，由出生於加拿大的當代著名解構主義建築師法蘭克‧蓋瑞（Frank Owen Gehry，F.O. Gehry）所設計，他擅長以前衛、奇特不規則的曲線造型作為建築外觀與內部裝飾設計，帶出整棟建築的活力和流動感。所以走在一向給人一板一眼的刻板印象銀行大樓中，竟然可以看見魚造型的玻璃屋頂。

更令人訝異的是，德意志銀行大樓的玻璃天井中，還有一座奇形怪狀，甚至看來有些猙獰的大型雕塑空間，不只是個藝術品，而是可以讓銀行高階主管開會用的會議室。蓋瑞運用精密計算、數字化模型，以三維曲面不鏽鋼板組成這個扭曲馬頭形狀的會議室，讓每個到訪的人都歎為觀止。

文／宋良音、林美齡

Info.
德意志銀行大樓
（DZ Bank building）
地址：PariserPlatz 3, 10117 Berlin
電話：+49-30-202410

藝術 Art

柏林狂放自由，在藝術上特別明顯，超
大空間在向全世界招手。

一股藝術新潮流

世界最前衛的藝廊、最大的塗鴉牆都在柏林，怪誕嚇人已不稀奇，就算想要惡搞古蹟也都歡迎。套一句德國作曲家貝多芬（Ludwig van Beethoven）的話：「若是為了更美麗的東西，任何規則都可以破壞。」

59 新當代藝術的冒險
狂放自由充滿無限可能

年輕一輩迎接新時代（Gründerzeit）到來，新柏林人想像在城中米特區建立如倫敦蘇活區（SoHo）的藝術村，更期待將柏林轉變為歐洲的紐約，不僅是政治經濟，也是文化藝術的首都。

一群充滿精力與理想的年輕人開始了創意的發想，各種活動與節慶紛紛出籠，當代藝術也在其中扮演重要角色。當共產集權於 1989 年潰散，當年的藝術家，如今已經是紐約 MoMA 主要策展人畢森巴赫（Klaus Biesenbach），在米特區集結一群藝術家租下一棟四層建築的舊奶油工廠，更名為藝術工廠（Kunst Werke 簡稱 KW），成為柏林當代藝術發展中心，鄰近的奧古斯特街（Augustrasse）與立寧街（Linienstrsse）開始有私人畫廊進駐，成為柏林圍牆倒塌後的新當代藝術集中區。

二十多年來當代畫廊不斷增加，來自德國其他城市之外，歐洲、亞洲與美洲都有畫廊設立據點，更遑論來自世界各地的藝術家，就像 19 世紀出現的淘金熱潮，成千上萬人同時拋棄工業革命時代的日常苦工，遷徙到此期待新的黎明，當代藝術家也將柏林當作成名的初始點。

淘金潮改變了殖民模式，表現出一種粗野陽剛的個人形象，這現象更恰好符合了當代藝術的性格與特色。畫廊的群聚與遷徙現象充分展現了柏林的特殊性，因應租金價格，畫廊每 3 到 5 年就有一次大搬風。

旅德編舞家孫尚綺說，搬到柏林這個耀眼的藝術之都，讓他沉浸在「尋找自己創作語彙」的城市氛圍中，德國人理性的思考方式，幫助他把心裡想說的話、腦海裡的事情轉換為舞蹈。

柏林充滿新與舊交雜的特殊氣氛，充滿令人好奇的舊事物與無限可能的新發現，一開始藝術家帶著探索的冒險精神來到柏林，繼之是這個城市醞釀出來的開放與包容。

文／王焜生

七大公共藝術

柏林四處可以看見都會雕塑（urban sculpture），許多都是藝術家以東西柏林過去的歷史傷痕為靈感，創造出一個個值得玩味的公共藝術。

©達志影像

60 三個女孩和一個男孩
象徵自由的裸身塑像

裸身坐在柏林大教堂（Berliner Dom）對面施普雷河河堤上，《三個女孩和一個男孩》（*Three Girls and a Boy*）的青銅塑像，其中一個女孩望向聖沃夫岡街（St. Wolfgang-Straße），另外三人對望著施普雷河沉思。

這組塑像創作於 1988 年，原是噴泉的基座，四人背靠背坐在噴泉正中央，位於前東德最豪華的皇宮飯店（Palasthotel）門口。飯店拆除後，於 2007 年移到現址，就在東德博物館（DDR Museum）門前。這地點或可說恰得其所，因為在東德時代，於波羅的海沿岸的海灘裸泳，是東德人民少有可以表達自由的方法。

創作者費茨萊特（Wilfried Fitzenreiter），是 20 世紀後期德國具象雕塑家代表人物之一，也是知名鑄幣家和獎章設計家，留下約 700 座雕塑，以及約 500 枚錢幣。在人體形象的表現上，費茨萊特強調自然和諧的線條，而且主角往往掛著一張幽默的臉。

文 / 郭政皓

Info.
《三個女孩和一個男孩》（*Three Girls and a Boy*）
作者：費茨萊特（Wilfried Fitzenreiter）
材質：青銅
地點：施普雷河畔步道（Spreepromenade）與聖沃
　　　夫岡街（St. Wolfgang-Straße）街交叉口

61 分子男人
期待人真能彼此向心

矗立在施普雷河河面上的鋁製雕塑《分子男人》（*Molecule Man*），高 30 公尺、重 45 公噸，1997 年開始設置，1999 年完工至今，一直是施普雷河的標誌性地景。

雕塑由三面人形鋁板組成，彼此面對面，向中心伸出手臂，象徵柏林特里圖（Treptow）、十字山及腓特烈斯海因（Friedrichshain）三個區的交會。每個人身上有許多穿孔，表示人類的存在是由許多分子組合而成。

創作這個作品的公共裝置藝術家波洛夫斯基（Jonathan Borofsky）說：「人體看似是實體，其實不過是由分子結構所組成，成分主要是水和空氣……。人和分子，共同存在於由概率所支配的世界，而人類傳承下來的所有創意和科學，都是為了尋求世界的整體性和一致性。」

從鄰近的奧伯鮑姆橋（Oberbaumbrücke）眺望這座雕塑，一邊是現代的西柏林，一邊則是待興的東柏林。作者期待人能彼此同心，由此處看來特別淒美，因為這條河，正標示著東西柏林的分野。

文 / 郭政皓

Info.
《分子男人》（*Molecule Man*）
作者：強納森・波洛夫斯基（Jonathan Borofsky）
材質：鋁
地點：An den Treptowers 1，安聯大樓（Allianz Tower）前

62 斷鍊雕塑
相互勾手的大鋼管

《斷鍊》（*Broken Chain*）雕塑，這個位於西柏林最熱鬧街道、讓人過目不忘的大型公共藝術品，是 1985 年由碧姬（Brigitte Matschinsky-Denninghoff）和馬丁（Martin Matschinsky）雕塑家夫婦，費時兩年所完成。

雕塑材質以鋼筋混凝土為主，表面加入了鉻、鎳、鋼等金屬材質，讓作品可以因應每天光照的變化，而有不同的微光反映，帶出立體和存在感，底座則以混凝土固定，呈現一體性。

雕塑主體是 4 條直徑 2 公尺寬的鋼管，採彎曲交錯卻不相連的向上方式組成。主要是傳達德國冷戰期間，東西柏林兩邊在地理上雖是如此親近，但卻又因政治因素被隔離的無奈感。人們除了可以從雕塑底下經過，近距離觀賞，也可以坐在一旁的長椅旁，靜靜看著這座象徵「曾經分裂的柏林」寓意的代表藝術品。

文 / 宋良音

Info.
《斷鍊》（*Broken Chain*）
作者：碧姬（Brigitte Matschinsky-Denninghoff）、馬丁（Martin Matschinsky）
材質：鋼筋混凝土、鉻、鎳、鋼
地點：Tauentzienstraße, 10789 Berlin

63 聯邦總理府前雕塑
象徵東西柏林的結合

聯邦總理府（Bundeskanzleramt）是柏林新建政府區最顯著的建築之一，在接待重要國際外賓的庭院內，矗立一尊由西班牙表現主義（expressionism）藝術家艾篤爾多・奇里達（Eduardo Chillida）的巨型鐵質雕塑作品《柏林》（Berlín）。

這件完成於 2000 年的雕塑，主要是以兩個開叉的鋼柱所組成，宛如大扳手的叉口相互對應，貌似彼此相互擁抱，傳達出東西柏林結合的意象，所以也被認為是德國統一和柏林市的重要象徵。

這尊作品對於聯邦總理府的重要性，從只要是國外政府官員到此拜訪合影時，就一定會以此作為背景入鏡，就可略知一二。

文 / 宋良音

Info.
《柏林》（*Berlín*）
作者：艾篤爾多・奇里達（Eduardo Chillida）
材質：鐵
地址：Willy-Brandt-Straße 1, 10557 Berlin

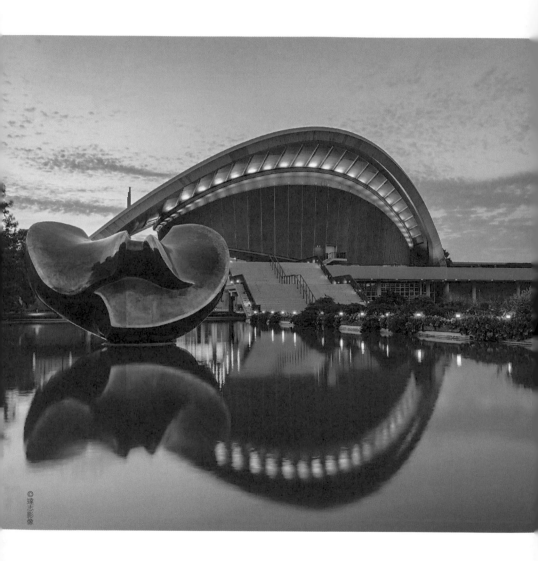

140　明日 柏林

64 蝴蝶青銅雕塑
展現巨大生命力之美

當來自世界的旅人，要進入柏林國際當代藝術匯集地「世界文化宮」（Haus der Kulturen der Welt）前，絕不會錯過前面池子中所矗立，重達 9 萬噸、名為《大分裂之卵：蝴蝶》（*Large Divided Oval: Butterfly*）的雕塑。

這座雕塑是英國知名雕塑藝術家亨利·摩爾（Henry Moore）生前最後一尊大型作品。該雕塑於 1985 年開始費時 1 年完成，他以擅長的青銅為材質，採現代主義的概念，以光滑、圓潤的造型，與抽象手法、向上的開口、部分超出邊界的形式，呈現即將孕育出展翅蝴蝶的印象，隱喻著由內即將有能量要展現在世人面前，加上水和光線的反射，讓這座雕塑呈現一種巨大生命力的美感。

當這尊當時市值有上百萬馬克的作品完成後，展示過程中因受到濕度、雨、冰，和雕刻、塗鴉等人為破壞，在 2010 年曾一度被移置原有的鑄造廠進行耗費 10 多萬歐元的繁複塗新、拋光修復工程，但現今已以嶄新的面貌，呈現在大家面前。

文／宋良音

Info.
《大分裂之卵：蝴蝶》（*Large Divided Oval: Butterfly*）
作者：亨利·摩爾（Henry Moore）
材質：青銅
地址：John-Foster-Dulles-Allee 10, 10557 Berlin

65 滾動的馬匹雕塑
日照下閃動的趣味變化

豎立在柏林火車總站東北邊露天平台，一座《滾動的馬匹》（*Rolling Horse*）雕塑，是 2007 年由德國雕塑藝術家爾根・高爾茨（Jürgen Goertz），運用不鏽鋼、鋁、玻璃、石頭、塑料等設計而成。落成後，顯著的機械關節造型，加上身體上的球形人臉設計，充滿特殊性與辨識性，儼然已成為車站地標。

也因為採用金屬製作，受到日照影響會有不同的顏色變化，且每個不同角度，都會有不同的觀賞趣味，所以這座滾動馬匹雕塑總吸引不少藝術愛好者和攝影者前來觀賞。

在這件高 9.7 公尺、寬 8.7 公尺、重 35 噸的藝術雕塑作品底座，設有 4 個孔口，透過所設的圓窗，還可以看到原萊爾特車站（Lehrter Bahnhofs）的相關模型，讓人覺得饒富趣味。

文 / 宋良音

Info.
《滾動的馬匹》（*Rolling Horse*）
作者：爾根・高爾茨（Jürgen Goertz）
材質：不鏽鋼、鋁、玻璃、石頭、塑料
地址：Hauptbahnhof, Europaplatz 1, 10557 Berlin

HIER WOHNTE
ELSE LIEBERMANN
VON WAHLENDORF
GEB. HOLLÄNDER
JG. 1876
GEDEMÜTIGT - DIFFAMIERT
TOT 8.1.1943

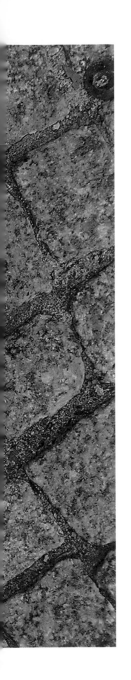

66 絆腳石
一字一句紀念猶太受難者

沒來柏林前，沒辦法感受，這裡，是多麼用力在反省納粹歷史。

即使距歷史發生已 80 年，吉普賽遇難紀念池（Das Denkmal für die im Nationalsozialismus ermordeten Sinti und Roma Europas） 2012 年才完成。然而比起政策宣示性的紀念堂，地上一塊塊《絆腳石》（*Stolperstein*）更令人刻骨銘心。

訪問柏林的一個早上，我跑去土耳其烤肉攤販那裡尋求一點溫暖。攤前地上薄雪中有著三塊正方形的黃銅，略凸於石塊地面。這是藝術家德姆尼（Gunter Demnig）的《絆腳石》計畫。

巴掌方塊裡說，曾經有位猶太受難者，從這棟房子裡被帶走，清楚寫著名字、生日、離開房子和過世的日子。雖然微小，但是具體。對龐大歷史事件缺乏貼身感受的人，對於一個清楚的生命亦無法忽視。哭點像我這麼低的，即使早就知道這計畫，親眼看到還是很快就模糊眼眶。

門前放了塊《絆腳石》，很可能房子賣不出去，或讓顧客掃興。但藝術家經 6 年努力，爭取到最重要的不是政府的大力支持，而是國民整體的認同。即使在柏林拉法葉百貨（Galeries Lafayette Berlin）門口，也照放不誤。至今在德國及歐洲已有超過 3 萬 7 千塊《絆腳石》，讓 3 萬 7 千個名字不被忘記。

文／盧怡安

Info.
《絆腳石》（*Stolperstein*）
作者：德姆尼（Gunter Demnig）
材質：黃銅、混凝土
地點：猶太受難者門前地磚

美食 Gourmet

德國人就愛大口吃肉、大口喝酒，來到
柏林，一定也要學學當地人盡情大快朵
頤一番。

三樣經典肉料理

德國境內大部分屬於內陸地區，海鮮資源較為缺乏，因而發展出良好的豬隻飼養技術，造就眾多美味的豬肉料理，是你絕不能錯過的風味佳餚。

©Star Wikimedia Commons

 67 德國豬腳
南烤北煮肉香濃郁

德國最出名的美食就是德國豬腳。道地的德國豬腳，首要選用皮厚、肉多、帶骨的豬前腳，並以膝蓋腿腱部位為佳，做法則不只一種，主要為「南烤北煮」。

南部火烤的豬腳稱為「schweinshaxe」，北方水煮的豬腳則稱為「eisbein」，兩種做法都會將豬腳先放入蔬菜香料湯裡煮過，包含月桂葉、黑胡椒、西洋芹、胡蘿蔔及洋蔥。費工的店家還會在豬腳下鍋煮之前，先以鹽和黑胡椒粉按摩，去除腥味和油脂，靜放半天。有的則是在開火煮之前，讓豬腳在蔬菜香料湯中先醃漬一天，再加入德國啤酒烹調。特別是北部的水煮豬腳，會延長醃漬和熟煮的時間，讓豬腳外皮柔軟，肉鮮軟爛。

至於眾人熟知的外皮酥脆、肉嫩多汁的烤德國豬腳，則是發源於南部的巴伐利亞省（Bavaria），以油炸和火烤手法做成。豬腳在煮好放涼後，肉汁會回到組織中，這時於冷油時就下鍋，在逐漸升溫的油鍋中可將豬腳炸到外皮焦脆。若是採用火烤，就要藉由控制烤溫與翻轉、澆淋湯汁的次數，來達到表皮金黃的效果。也有採先炸後烤的方式，品嘗起來不但外皮香脆亦有韌性，且有濃醇的肉香。

做好的豬腳，可都得搭配增加飽足感的馬鈴薯球、解膩的德國酸白菜和黃芥末才能上桌。如果再來杯德國啤酒，就是正宗德國人品嘗豬腳的方式。

文／宋良音

68 柏林肉丸
德國媽媽的家常料理

如果問柏林人有哪些經典的肉類料理，柏林肉丸（Berliner Buletten）一定榜上有名，普及的程度，除了餐館皆有供應，也是許多德國媽媽會做的家庭料理。

柏林肉丸這道沒有驚豔外表，卻口口扎實的樸實料理，主要是用豬、牛絞肉，加上泡軟的麵包片和洋蔥丁、巴西里等香料做成，混合蛋、鹽及胡椒，捏成適當大小後，放入鍋中煎炸而成。

因為做法和口感很像漢堡肉，所以也有人暱稱為柏林漢堡（Berlin-style Hamburgers）。

吃的時候除了可以搭配水煮馬鈴薯（或炸薯條）、麵包及芥末醬，還可以淋上蘑菇白醬或番茄醬汁享用。

文／宋良音

©TK420 / Wikimedia Commons

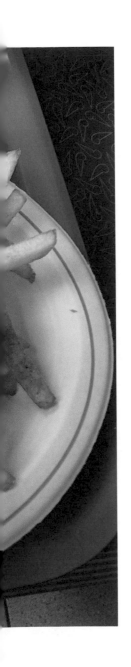

69 咖哩香腸
吃出街頭好滋味

「咖哩香腸（currywurst）就像台灣的鹽酥雞一樣，是柏林街頭常見的小吃。」近年旅居柏林的媒體工作者許育華，生動點出了柏林香腸的江湖地位。所謂的「咖哩香腸」，並不是在香腸裡加入咖哩，而是在醬汁上下功夫。先把香腸煎烤得微酥，切成小段後再淋入番茄醬、撒上咖哩粉。香腸外酥內噴汁，加上咖哩風味番茄醬，吃起來格外有層次感，每家店也都有自己的獨門醬料配方。

除了令人想一口接一口外，在物價高的歐洲，一分咖哩香腸配上現炸薯條或夾在麵包裡，只消 3.5 歐元就可打發一餐。這點確實跟台灣鹽酥雞一樣，普羅大眾都消費得起。

這款庶民小吃，販售形式多元，從餐廳、附有座位的外帶店家、餐車到一人攤販都有，為柏林街頭帶來有趣的風貌。可移動式的「一人香腸攤」像是在做魔術表演，老闆直接把煎爐掛在腰上，香腸在煎鍋上滋滋作響，四溢的香氣是最好的廣告。爐子底下連著一根小鐵柱協助支撐，頂上還有把傘可供遮陽，道具一應俱全。

文／游惠玲

兩大香腸名店

與其費力在茫茫餐車中找到好香腸，還是去找家厲害的老店實際些。東柏林、西柏林各有一家好店家，香腸好吃又實在。

70 西柏林 Curry 36
超熱門排隊店

柏林人並不愛排隊,但「咖哩36」(Curry 36)這家真的是超級熱門的排隊店,到附近都會忍不住去湊一下熱鬧。小店沒有座位、也沒有廁所,店面外擺了幾張小圓桌,三兩好友湊成一桌,點杯啤酒、吃盤香腸、聊個小天,就準備前往下一站,是典型的柏林街頭風情。據統計,德國人每年要吃掉8億份香腸,實在是很驚人。

文 / 游惠玲

©Er nun wieder /
Wikimedia Commons

Info.
咖哩 36(Curry 36)
地址:Mehringdamm 36, 10961 Berlin
電話:+49-30-2517-368

71 東柏林 Konnopke's Imbiss
美食主持人波登也愛

位於東柏林的「酷拿客小吃」(Konnopke's Imbiss),連美國知名旅遊美食節目主持人安東尼・波登(Anthony Bourdain)造訪柏林時都聞香而至。事實上,柏林政治人物也相當熱愛咖哩香腸,維基百科説:傳統上,每位柏林市長候選人都會在咖哩香腸攤前拍照。這個舉動代表著親民的形象,顯見柏林香腸不僅是國民食物,更帶有國民情感。

文 / 游惠玲

©wikipedia

Info.
酷拿客小吃(Konnopke's Imbiss)
地址:Schönhauser Allee 44 B, 10435 Berlin
電話:+49-30-4427-765

兩款可口小點

甜甜圈、鹹麵包,當地隨處可見,幾乎是每個德國人都會吃的國民
美食,也是旅人造訪柏林時一定要嘗的點心。

72 柏林甜甜圈
內餡滿溢的狂歡甜點

柏林甜甜圈（Berliner Doughnut）由來可追溯到 1750 年左右，當時一位糕點師傅進入軍隊後，因無法勝任炮兵職務，長官遂指派他為軍團麵包師以發揮所長，糕點師便以炮彈為發想，做出這個如拳頭大小、外觀宛如炮彈的甜點。

據說美國總統甘迺迪在 1963 年至西柏林演講時，為了表示對西德的友好，以德文「Ich bin ein Berliner」表達認同自己是一位柏林人，後來被世界各大媒體渲染，讓原本就有「柏林人」與「甜甜圈」之意的「Berliner」聲名大噪。

柏林甜甜圈的傳統做法，是用 170℃ 油溫炸至酥軟後，填入如杏桃、覆盆子、蔓越莓等酸甜果醬，再撒上糖粉做成，樸實的外觀與咬下後鬆軟、內餡滿溢的口感，讓人欲罷不能。

演變到現在，有的人不僅會使用老麵和新鮮馬鈴薯來增添麵團咬勁，外觀還會裹以各式口味的巧克力和裝飾，也在內餡上有諸多變化，如添加布丁或酒類飲料等。早期德國人會在四旬期到復活節齋戒期享用甜甜圈，以提供熱量和飽足感，直到現在仍是代表德國跨年、新年甚至是狂歡節的甜點。

文／宋良音

73 鹹卷麵包
外脆內軟的國民小點

麵包是德國的主食，品項多達 3 百種以上，其中以鹹卷麵包（Brezel）最具代表性，在街頭巷尾的麵包亭、小販推車、點心店都看得到。Brezel 也因為形狀像是打了個結，常被翻譯為紐結麵包或德國結麵包。

關於 Brezel 的由來，有一說源自於中世紀人們禱告時，是以手臂交叉放於胸前，輕放在肩上，德國南部巴伐利亞修道院的修道士，便以此為靈感做出這樣的點心，以鼓勵虔誠祈禱的小朋友。另有一說則是在 19 世紀時，一位擁有咖啡店的巴伐利亞公爵，在自家咖啡店吃早餐時，吃下了小學徒誤將鹹水當作糖水刷在表面上的麵包，意外發現這外皮酥脆堅硬，內部柔軟又帶咬勁的美味，而有了這個美麗的意外。

後來的人，在製作鹹卷麵包時，會在加入牛奶和糖的麵團發酵、塑型後，放入鹹水中燙過、冷藏後再烤。值得一提的是德國麵包師傅在將麵包塑型時，只要抓起麵條的兩端輕甩一下便完成，速度之快，常讓人看得目不轉睛。且壓頭的兩端必須在麵包整體的三分之一處才合格。

除了單純沾附粗鹽的原味鹹卷麵包，在麵包店和路邊的麵包亭，也有沾白芝麻或鋪上乾酪烤的款式，甚至還有從側面剖開，夾入起司、火腿、肉腸、生菜者，有機會來德國一定要試試。

文 / 宋良音

一款道地酒飲

啤酒是德國的全民飲料，在 1516 年頒布的德國純啤酒令中，規定只能用大麥芽、啤酒花和水來釀製德國啤酒，讓德國啤酒在全世界有一定的品質保證。

©達志影像

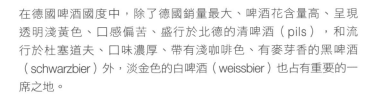

74 柏林白啤酒
口感滑順不苦澀

在德國啤酒國度中，除了德國銷量最大、啤酒花含量高、呈現透明淺黃色、口感偏苦、盛行於北德的清啤酒（pils），和流行於杜塞道夫、口味濃厚、帶有淺咖啡色、有麥芽香的黑啤酒（schwarzbier）外，淡金色的白啤酒（weissbier）也占有重要的一席之地。

白啤酒又名小麥啤酒，主要是用小麥芽和大麥芽混合釀製，除了有豐富的麥芽、並增添香料，更因製作過程中採用高度發酵、且不過濾的方式，使得顏色較為混濁，但喝來口感滑順、不苦澀，受到許多人喜愛，目前以巴伐利亞、萊比錫、柏林出產的白啤酒最有名。

其中柏林白啤酒受歡迎的程度在 19 世紀達到高峰，當時全國約有700 個啤酒釀造廠都有生產該啤酒，不過到了 20 世紀末，柏林卻只剩 2 家啤酒廠有生產，其餘則散落在德國其他地區，現今當地最出名的兩個柏林白啤酒品牌，分別是柏林金德（Berliner Kindl）及舒爾泰斯（Schultheiss）。

柏林白啤酒製作時最特別之處，在於過程中添加乳酸菌，所以味道偏酸，飲用時會加入紅色的覆盆子糖漿（himbeersirup），或綠色的香草糖漿（waldmeister）來平衡酸味，且常和其他軟性飲料一起混合調製成淡啤酒，所以柏林啤酒喝來偏甜。加上酒精濃度不高，常是女孩或不勝酒力者的最愛。

文 / 宋良音

逛遊 Travel

柏林有什麼好玩？你可以親眼看世界保
存最好的古代雕像，也可以去世界最頂
尖的新潮夜店，體驗有滋有味的柏林。

一大藝術活動

和法國里昂、澳洲雪梨、荷蘭恩荷芬、俄羅斯莫斯科等世界知名、大規模燈光節齊名的柏林燈光節（Festival of Lights），是當地的藝術盛事，每年成功吸引上百萬人前來造訪。

75 柏林燈光節
目眩神迷的彩光投影

從 2005 年起，每年固定在 10 月連續舉辦 12 天的柏林燈光節，由世界各地的燈光藝術家，以柏林著名的地標、歷史建築、文化紀念碑，甚至是街道，運用令人目眩神迷的燈光投影、照明設備，藉由光的能量，塑造共同語言、傳遞主題概念，連結每個人。

這段期間漫步在城中，從聚集最多藝術裝置的波茨坦廣場開始，到布蘭登堡門、柏林大教堂、柏林電視塔（Berliner fernsehturm）、夏洛登堡宮（Schloss Charlottenburg），乃至知名的庫坦購物大街（Kurfürstendamm）、菩提樹下大道（Unter den Linden）都能看到透過藝術燈光的奇幻光束，讓各個建築物彷彿有了生命。甚至飯店、百貨公司與諸多商業機構也紛紛響應，讓整座城到了夜晚熱鬧無比。

節慶期間，同時有許多夜間活動上演，除了多樣藝術家、街頭藝人夜光表演、戶外爵士音樂會，還包含運用夜間觀光巴士、馬車、單車、遊船河、電動代步車賽格威（Segway）等導覽，甚至還有博物館、紀念館會在深夜開館，並有路燈慢跑等活動共襄盛舉。

文 / 宋良音

Info.
柏林燈光節（Festival of Lights）
開放時間：每年10月，展期 12 天
網址：http://festival-of-lights.de/en/

九個好玩場子

柏林的設計好店，每個獨特點子都讓人沉醉，讓人逛起來沒有敗金味。還有最炫的夜店和最潮的旅店，等你去體驗。

哈克雪庭院

76 哈克雪庭院
潮牌集散地

要找到柏林最潮設計，請往哈克雪庭院（Hackescher Hofe）移動。除了熟知德國各大品牌之外，最迷人的是那些獨立小店。例如「柏林製造」（made in Berlin）這家二手店，以獨特的眼光找到各色各樣的復古行頭，正是時下流行，但獨一無二的單品卻又各具個性的復古風。

哈克雪庭院由 8 個內院組成，由過道相連，是德國最大的庭院建築。但在東德時期被當作公社使用，一度非常頹圮。所幸它在柏林正中心，絕妙的位置和一落落庭院，有容納小店與尋寶的樂趣，目前已是包括旅遊書和當地內行人都推薦最時髦的地方。

推薦羅森塔勒街（Rosenthaler）39號、當地著名的「肉桂咖啡」（café cinema）進去的這條小巷。初入庭院的外人，可能會被滿牆塗鴉嚇到，但其中不乏小有名氣的藝術家創作。沿過道走到底，有座驚人塗鴉的樓梯間，二樓不放招牌的書店和藝廊，正販售與展出這些新興藝術家的作品與書圖。一張 A4 大小的紙上作品約 20~40 歐元，從幻想怪獸到老柏林意象，是最絕妙、道地的柏林紀念品。

文／盧怡安

Info.
哈克雪庭院（Hackescher Hofe）
地址：Rosenthaler Straße 40-41, Berlin

77 到跳蚤市場挖寶
東德舊貨最搶手

近年風靡全球的復古家具風格，像台灣創始的「魔椅」（mooi！），乃至後續跟進十數家老歐式家具店，多數都在柏林跳蚤市場及舊貨倉庫進貨；連柏林藝術天王安森‧萊爾，都最喜歡去跳蚤市場遊走，純粹的造型和特別的色彩會抓住他的眼睛，尤其是非洲原始藝術作品。

因此，到了柏林一定要來跳蚤市場淘寶。

世界最密集的跳蚤市場，在柏林，夏天假日共可達 1 百多處。和專業賣家聚集的巴黎「克里昂庫市場」（Clignancourt）、倫敦「波多貝羅市場」（Portobello Market）比起來，柏林跳蚤市場的非專業賣家居多，也因此價格多數不到一半。

像是「阿科納廣場古董市集」（Arkonaplatz），以及「軍械庫藝術市集」（Am Zeughaus）都相當值得一逛。其中舊東德時期獨一無二的熱水瓶、杯盤，乃至單椅、邊櫃，都是搶手單品。

曾在柏林跳蚤市場挖寶的「魔椅」家具主人簡銘甫說，「跳蚤市場擁有無限可能。」那後頭代表一個強大的資源回收系統與惜物愛物的心，許多製作良美的家具總能源源不絕出現。況且，在這兒雖然買賣的是二手貨，但人與人之間的接觸卻是一手的，更是他熱愛跳蚤市場之處。

文 / 盧怡安、馬萱人

Info.
阿科納廣場古董市集（Arkonaplatz）
地址：Arkonaplatz , 10435 Berlin
開放時間：每週日 10：00 ~ 18：00

軍械庫藝術市集（Am Zeughaus）
地址：Am Zeughaus 1-2, 10117 Berlin
開放時間：每週六日 11：00 ~ 17：00

曾懷慧攝

78 Andreas Murkudis
山本耀司口袋愛店

可知道日本服裝設計師山本耀司，每年來柏林都去哪裡逛？就是安德里亞斯（Andreas Murkudis）。

安德里亞斯在柏林的設計博物館服務了 20 年，他很知道什麼樣的設計雋永到可以進博物館。從 250 年歷史的義大利傳統品牌「內里」（Neri）純手工皮手套，到比利時當紅才子服裝設計師馬丁‧馬吉拉（Martin Margiela）的時裝；從耳環到躺椅，他不止青睞時下當紅設計，也挖掘各領域經典手工製品。

不只柏林新秀，世上他認為經典的設計，你都可以在這裡找到。「這家店的概念，是經典。也許有非常多最新、最炫的設計，但我一直想著的，都是明天它還會不會在。」安德里亞斯這麼說。他曾花一、兩年時間，跑遍世界，說服執著而頑固的日本、義大利皮件等手工小廠師傅，請他們點頭答應讓作品在這間新潮的店裡販售。

在這座挑高達 10 米的舊印刷工廠變身的純白設計空間中，如同來到一座小型的私人當代設計蒐藏館。老闆的各式蒐藏身價都不低，一只包覆原木粗獷外皮的小碗，要價近 200 歐元。店裡約三分之一是德國設計品，樣樣都是直逼殿堂級的設計。你逛的，是連山本耀司都認可，安德里亞斯鍾愛亙久設計的眼光。

文 / 盧怡安

Info.
安德里亞斯（Andreas Murkudis）
地址：Potsdamer Straße 81, 10785 Berlin
電話：+49-30-6807-98306

蕭優鈺／攝

79 時尚空間
設計感強的複合空間

「時尚空間」（Gestalten Space）是一間受國際討論度相當高的藝廊、設計品專賣店，也是書店和講座空間。核心共同點是：設計。

Gestalten 是德國著名的出版社，專注設計領域，一本專談德國的圖解書籍，滿滿 1 千多頁鉅細靡遺從德國男性生理特徵統計到國家經濟發展數字，全用圖象輕鬆解釋。這就是他們的風格，讓人就算看不懂德文也想買，還讀得津津有味。

除了這類令人驚歎的設計書讓人移不開腳步外，從柏林當地到日本奈良美智的設計品都在蒐羅之列，假日有設計講座。令人感動的是有張長桌供內閱、休息，桌上甚至有茶水，相當貼心。

文／盧怡安

Info.
時尚空間（Gestalten Space）
地址：Sophie-Gips-Höfe Sophienstraße 21，Berlin

80 Showraum
回收素材設計小店

柏林當紅的設計個性小店「秀朗姆」（Showraum），店內所售全都是製自回收的材料。

店主卡提（Kerti）是木匠也是室內、家具設計師。他用回收木地板製成姿態獨特的桌、椅、層板，也廣進其他設計師和藝術家的創意家具。

例如利用回收腳踏車胎重新編織的沙發，或一盞綜合了回收喇叭、橫切舊椅、廢棄帳篷柱等材料的立燈，都十分獨特搶眼。

文／盧怡安

Info.
秀朗姆（Showraum）
地址：Schönleinstraße 3, Berlin

81 MYKITA
潮人必逛手工眼鏡

柏林目前最夯、廣受推薦的設計單品，是麥琪泰（MYKITA）手工
眼鏡。自 ic! Berlin 分家出來，MYKITA 創辦人是發展毋須螺絲的嵌
合式鏡架創始者，路線較流行、大膽、變化豐富。現在歐洲潮人都
是他們家的擁護者。

桃紅、鮮黃和亮銀色，雖然用色誇張，但其實 MYKITA 鏡框簡潔洗
練，沒有 logo，造型都是經時間考驗過的歷史經典。布萊德・彼
特（Brad Pitt）、休・葛蘭（Hugh John Mungo Grant）及女神卡卡
（Lady Gaga）曾配戴的款式，在令人眼花的店內都可以試戴。

文 / 盧怡安

Info.
麥琪泰（MYKITA）
地址：Rosa-Luxemburg-Strasse 6, Berlin

曾懷慧／攝

82 Modulor
千百種材料任你挑

動手做、玩材料，好像是柏林全城瀰漫的氣氛。不止設計師，隨意
逛進沒招牌的小藝廊，就有藝術家用衣架拼出比薩斜塔、多接頭插
座拼出仿生動物。

我納悶他們去哪找材料？又怎會想到用八竿子打不著的材料，玩出
新東西？直到我發現，柏林有這樣的店，廣收各種材料。「默度
樂」（Modulor）是其中最大的。木皮、鐵塊、鋁圈、大匹大匹的
布、各色壓克力板……據說有 2 千 3 百種。總共兩層樓，大得跟
家樂福一樣。

你可能中途就逛到更有趣的材料，取代原先平淡想法。我原想找張
漂亮的紙做卡片，逛到用原木削成的薄片更驚豔。以那麼多路人提
Modulor 的袋子看起來，實驗，在柏林幾乎是全民運動。

文／盧怡安

Info.
默度樂（Modulor）
地址：Prinzenstr. 85, 10969 Berlin

83 Berghain & Weekend
混世界最強夜店

近年被《紐約時報》評為全球最頂尖的夜店，是在柏林一處廢棄電力廠裡的 Berghain。無論是 18 公尺高的舞池，鐵和水泥的工廠空間，或是輪番來自世界頂尖 DJ 的「高科技舞曲」（Techno）音樂，都是別處模仿不來的風格。熱門假期甚至有人排上 3 天都進不去。

不喜歡那麼吵雜的人，則在這個城市的屋頂開派對。柏林沒有摩天大樓，位於辦公大樓 12 和 15 層樓的夜店「週末」（Weekend）能居高臨下，望向城市地標「柏林電視塔」。柏林是歐洲唯一不宵禁的大城，你甚至可以在它的露台上看日出。

文 / 盧怡安

Info.
柏格罕（Berghain）
地址：Am Wriezener Bahnhof 1, Berlin

週末（Weekend）
地址：Alexanderstr.7, Berlin

84 Ku'damm 101 Hotel
極簡設計旅店

這幾年，柏林開了超過 40 家旅店，全是走低價路線，且清一色都是設計感十足的設計旅店。想要體驗柏林活力，你一定得挑一間來住住，論極簡、手作感，和滄桑歷史建築改造，柏林旅館世界一流。此外還有一吸引力：太划算了。一線大城的半價，保證擁有挑高 4 米，還怕你嫌它房間空曠。

剛進「庫丹大道 101 號酒店」（Ku'damm 101 Hotel）時，覺得這風格未免太冷了。按名建築師柯比意欽定色票所選的灰、藍、水綠，是很清爽醒腦沒錯；喜歡極簡風格的人，一定會給它那連床鋪線條都呈平整直線的俐落按個讚。

和服務人員一聊才發現，原來，簡單並不意味著冷清，而是彈性和實用。「我們所有家具都可以移動。」她說。線條簡潔俐落的工作桌、單人躺椅或茶几，一位工作人員就能搬走；連電視櫃都是附輪可動、衣櫃是少有不連在牆上的獨立設計品。今天不想看電視，飯店人員半分鐘就搬走了；明天想要多兩把躺椅，說完立刻就來。聽說有客人想要大尺寸的平面電視，馬上就送到。絕無固定在牆上的制式飯店配備，所以家具要增要減，可以隨著住客主觀認定的實用來安排。這會是未來飯店走向客制化趨勢的途徑。

因為連床都能輕易整組搬走，這家飯店一年有一次，邀請設計師、藝術家，把一層樓房間全變成藝術設計展示空間。我絞盡腦汁想半天，該請他們搬什麼來。一個禮拜下來，所需要的，不過是現有單品；其他真的也用不著。於是我自在享受起一個人的空曠。

文 / 盧怡安

Info.
庫丹大道101號酒店（Ku'damm 101 Hotel）
地址：Kurfürstendamm 101, 10711 Berlin
價位：68 ~ 118 歐元 / 晚（約合新台幣 2,652 ~ 4,602 元）

四間特色博物館

知名藝術家村上隆現在最感興趣的當代藝術城市是哪裡？不是倫敦，也不是紐約，是柏林。他 2012 年甫在柏林設立日本以外的唯一畫廊分點，加入柏林各式各樣的特色展館中。

85 漢堡火車站現代藝術博物館
世界最具分量前衛藝術

逛入巷弄裡的小畫廊有驚喜的樂趣，但若只挑一家，最具分量的是「漢堡火車站現代藝術博物館」（Hamburger Bahnhof-Museum fuer Gegenwart）。世界上其他美術館都比不上的，是它巨大的車站空間，可以聯合好幾個月台展出龐大如屋的裝置藝術，連飛機都裝得下。

如 2010 年卡爾斯登‧霍勒（Carsten Hoeller）在這裡展出的《索馬》（SOMA，一種印度古老的幻象飲料），把 12 隻活生生的馴鹿都搬了進來，因為傳說馴鹿會吃這種飲料原料的毒蠅傘菇，搞不好其尿液中就含有失傳飲料的成分……。火車站大廳鋪乾草，馴鹿、金絲雀、老鼠飛奔，甚至可以付錢住在附設的「旅館」裡面。異象、氣味和聲響帶給觀者全新、魔幻的感受，至今仍是話題，已經沒有人計較看不看得懂這藝術。而館內由私人借展的大量、巨幅安迪‧沃荷（Andy Warhol），凱斯‧哈林（Keith Haring）等世界級蒐藏，比起來都像是一盤小菜了。

文 / 盧怡安

Info.
漢堡火車站現代藝術博物館
地址：Invalidenstraße 50, 10557 Berlin
網址：http://www.hamburgerbahnhof.de/text.php
門票：12 歐元（約合新台幣 468 元）

86 新博物館
看世界最出名的古代女性

蒙娜麗莎（Mona Lisa）可能是全世界最有名的女性，緊跟在後，肖像授權最廣的古代女性，是娜芙蒂蒂（Nefertiti）。這尊出土自埃及的皇后頭像，不在開羅，不在倫敦，而在發現者所在的柏林。

娜芙蒂蒂是傳說古埃及最美麗的王后，也是人面獅身像圖坦卡門王（Tutankhamun）的岳母。這尊頭像的資歷，比羅浮宮裡的維納斯（Venus）還要早 1 千 5 百年，但不管是鮮豔的濃綠頭冠色彩，還是眼袋、法令紋等細節，簡直就像去年才剛完成的。不止是國寶，而是全人類的寶物。

娜芙蒂蒂凜冽的表情，近看除了讚歎，甚至會使人有種畏懼的感覺。下巴和脖子的線條，展現出高貴的氣質。她的髮型屢次為好萊塢電影帶來靈感，堪稱最早的流行教主。史上真正的娜芙蒂蒂，15 歲嫁入埃及皇室，終其一生鬥爭權力，落得丈夫、女兒，甚至自己都被殺害的命運，也是小說、電影最喜歡的題材。

文 / 盧怡安

Info.
新博物館（Neues Museum）
地址：Bodestraße 1-3, 10785 Berlin
網址：http://www.neues-museum.de/
門票：14 歐元（約合新台幣 546 元），
　　　須預約才能進入

曾馩慧 攝

87 DDR Museum
互動體驗東德生活

冷戰時期，柏林被分為東西兩邊，在不同政權下，各自的生活習慣、居所，都變得很不同。創辦「東德博物館」（DDR Museum）的肯瑟曼（Peter Kenzelmann）便以體驗式博物館的做法，讓大家一窺東德人的生活。

DDR 是「Deutsche Demokratische Republik」（德意志民主共和國）的縮寫，館內共 17 個區域，由邊境到交通，再從文化到娛樂等相關展品，鉅細靡遺重現東德人的生活。可以看，也可以摸，可說是世界上最互動的展館，也是當地人氣超夯的景點。

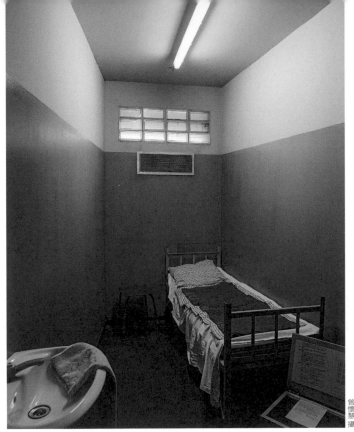

曾懷慧 攝

DDR 博物館很窄，不過一間半的教室那麼擠，狹長走道兩邊卻很精彩，把過去鐵幕之後的東德生活，搞得奇趣橫生：有的是可以打開的衣櫃，可看到東德人為了省布而創造的「時尚」剪裁；有的是食物櫃，裡面有因為物資缺乏假冒的「逼真」可樂⋯⋯一定要看諷刺的說明，把明明很慘的過去變得非常幽默令人發噱。

最後要去祕密警察的桌子前坐一坐，打他的電話、翻他的抽屜。裡面有什麼？親身去體驗了才會有驚喜。

文 / 盧怡安、楊以謙

©Taxiarchos228 / Wikimedia Commons

Info.
東德博物館（DDR Museum）
地址：Karl-Liebknecht-Str. 1, 10178 Berlin

88 德國咖哩香腸博物館
看盡街頭小吃的軼事

在博物館文化超級發達的柏林，竟然連咖哩香腸都可以成為博物館的主題。德國咖哩香腸博物館（The Deutsches Currywurst Museum）在 2009 年開幕。

這項「國食」對柏林人來説，確實有特殊的意義，甚至將之視為「德國獨一無二的文化遺產」。館內除了展出咖哩香腸傳揚世界的地圖、人類飲食文化的變遷，還有一間放映室，撥放美國人葛莉絲·李（Grace Lee）製作的短片《最好的香腸》（*Best of the Wurst*）。

旅居德國多年的作家陳玉慧在其撰寫的香腸博物館報導中提到，「館長對德國國食現象也很投注，他説：『沒有任何一項德國食物有這麼多歷史聯想和軼事。』」

文 / 游惠玲、林美齡

©Monstourz /
Wikimedia Commons

Info.
德國咖哩香腸博物館
（The Deutsches Currywurst Museum）
地址：Schützenstraße 70, 10117 Berlin
電話：+49-30-8871-8647

ALLIED CHECKPOINT

US ARMY CHECKPOINT

十二處經典必逛

當代藝術觀察家王焜生說：「柏林融合歷史與新潮卻不見隔閡。」
舊傷痕和新契機，都在這城市角落同時存在。

89 查理檢查哨
冷戰時期紀念站

位於柏林市中心的查理檢查哨（Checkpoint Charlie），是冷戰時期的產物。1949 年時東柏林被蘇聯占領，西柏林則被英法美占領，而目前這個唯一現存的檢查點即為當時在柏林圍牆邊，從東柏林進入西柏林所屬美國占領區的檢查哨，現在則成為重要觀光點，同時也兼具維護歷史的作用，每年約有 4 百萬觀光客到訪。一旁還有一個展出兩德分裂時期相關資料，和東德難民欲逃離的各種新聞照片的博物館。

之所以被稱為查理檢查哨，有一說是由於當時的崗哨站都是用字母標示，美軍遂以 A=Alpha，B=Bravo，C=Charlie，D=Delta 來命名，而這個站排列到 C，所以有了 Checkpoint Charlie 的名字，同時又稱為 C 檢查哨。

現在來到檢查哨，除了可以看到貼著英、蘇士兵照片的立牌，更在檢查哨的美國管區兩側，有供遊客付錢合影的軍人。面向西柏林的方向，有分別以德、英、法、俄文寫著「您即將離開美國占領區。」的立牌，且牌面右下角還有「US ARMY」的標示。

文／宋良音

Info.
查理檢查哨（Checkpoint Charlie）
地址：Friedrichstraße 43-45, 10117 Berlin
交通：搭乘 U-Bahn 到 Kochstraße 站，一出站即可到達

©達志影像

90 和解小教堂
將廢墟碎片融入建築

橢圓形的和解小教堂（Chapel of Reconciliation）位於昔日柏林圍牆「死亡帶」的空地上，前身是建於 1894 年的哥德式（Gothic）教堂。1985 年，東德政府以「提高邊界地區的安全性與清潔」為由將教堂給炸除。兩德統一後，才又重建起來。

教堂其實有兩層，外層是木柵欄構成的屏障，內層則是一道厚重的夯土牆，在夯土牆建築過程中，昔日的教堂廢墟碎片、石頭，都被混入牆中，形成新教堂的一部分，那是一種紀念過去記憶的方式。

文 / 楊以謙

© Jean-Pierre Dalbera /
Wikimedia Commons

Info.
和解小教堂（Chapel of Reconciliation）
地址：Bernauer Str. 4, 10115 Berlin
電話：+49-30-463-6034

192 明日 柏林

91 柏林圍牆
東城畫廊的精彩塗鴉

在柏林，塗鴉不但是正式的藝術，在某些地區，還被冠以偉大之名，那個地方，就是僅存 1.3 公里的柏林圍牆。

柏林圍牆是冷戰時代的產物，東德稱之為「反法西斯防衛牆」（Antifaschistischer Schutzwall），於 1961 年 8 月 13 日凌晨，突然出現。最早是鐵絲網拉起的屏障，後來才變成堅固的磚牆。全長 155 公里，牆高 3.6 米，見證了許多追求自由的殘酷故事。1989 年後，柏林圍牆被推倒，現在僅保留一段柏林牆做為紀念。

1990 年統一時，聚集了 22 個國家 118 位藝術家、塗鴉客，把彩色、幽默、誇張奇想搬上這個悲劇舞台，每一幅都象徵自由。圍牆已翻身成為露天的「東城畫廊」（East Side Gallery）。最知名的莫過前蘇聯領袖與東德領導人的擁吻圖。現在，來這的人都急著與畫作合照，這些珍貴的「名畫」可能有一天都會消失。

文 / 盧怡安、楊以謙

© Pudelek (Marcin Szala) / Wikimedia Commons

Info.
東城畫廊（East Side Gallery）
地址：Mühlenstraße 1, 10243 Berlin-Friedrichshain

©達志影像

92 威廉皇帝紀念教堂
戰後現代風格的衝突美

要感受柏林新舊融合的建築，最直接的就是參觀「威廉皇帝紀念教堂」（Kaiser-Wilhelm-Gedächtniskirche）。該教堂是由德意志帝國皇帝威廉二世（Wilhelm II）下令建造，以紀念德意志帝國的首任皇帝威廉一世（Wilhelm I），是座帶有哥德式元素的新羅馬建築。二次世界大戰時，教堂受損嚴重，戰後保留了教堂鐘樓的殘骸，並在周圍建造新教堂和鐘樓、禮拜堂和前廳，新舊教堂的衝突感，成就這重要的「戰後現代風格」紀念建築，也成了柏林的標誌之一。

文 / 楊以謙

> Info.
> **威廉皇帝紀念教堂（Kaiser-Wilhelm-Gedächtniskirche）**
> 地址：Breitscheidplatz, 10789 Berlin
> 電話：+49-30-218-5023

93 菩提樹下大街
精彩建築一條街

菩提樹下大街東起馬克思恩格斯廣場（Marx-Engels-Forum），
西至布蘭登堡門，是柏林著名的一條大街。路中間和道兩旁是菩
提樹、栗樹綠樹成蔭，因而得名。北面有德國歷史博物館、新衛
宮（Neue Wache war memorial，法西斯和軍國主義受害者紀念
堂）、洪堡大學（Humboldt-Universität）。南面有柏林國家歌劇院
（Staatsoper Unter den Linden Berlin）。路中間的騎像是普魯士國
王腓特烈二世（Frederick II of Prussia）。沿街建築各自精彩，是 C/
P 值很高的一條街。

文 / 楊以謙

Info.
菩提樹下大街（Unter den Linden）
地址：Unter den Linden, Berlin

© 達志影像

94 柏林電視塔
德國最高地標

位於亞歷山大廣場（Alexanderplatz）的柏林電視塔，屬現代主義
建築，高 368 米，是德國最高的建築，同時也是歐洲第四高塔。
在 204 公尺處設有一處觀光台，其上部設有旋轉餐廳，每 30 分鐘
轉一圈。不想登塔觀光的人也可看電視塔的另一特色，每當陽光照
射在電視塔的觀光台上時，光線會在圓球形的觀光台上反射出一個
「十字形」的光團，酷似發光的十字架。

文 / 楊以謙

Info.
柏林電視塔（Berliner Fernsehturm）
地址：Panoramastr. 1A, 10178 Berlin
電話：+49-30-2475-75875

©達志影像

95 世界鐘
前東德人約會地點

亞歷山大廣場，是前東德的最熱鬧的購物廣場，此處有座「烏拉尼婭世界鐘」（Urania-Weltzeituhr，簡稱世界鐘），是 1969 年為慶祝民主德國成立 20 週年而建造。烏拉尼婭是希臘神話中女神的名字。時鐘由一個圓柱托起，盤外則標示了世界主要城市的時間。小小的世界鐘，可是前東德人相約的地標呢！

文 / 楊以謙

Info.
烏拉尼婭世界鐘（Urania-Weltzeituhr）
地址：Alexanderplatz 1, 10178 Berlin
電話：+49-30-115

96 柏林大教堂
美麗穹頂處處華麗

這座柏林市內最大的教堂，是旅人造訪柏林必看的景點，屬於基督教路德宗教堂的柏林大教堂，建於 1894 年至 1905 年，由尤利烏斯‧拉什多夫（Julius Raschdorff）設計建造，採文藝復興式風格。曾在二次世界大戰遭受嚴重破壞，雖曾被當地人搭起棚子保護，但修復工作卻從 1975 年才開始，直到 1993 年重現世人面前。

教堂外觀以三個大圓頂，給人不同於尖頂教堂的鮮明印象，也使得內部更為明亮寬敞。走進這高四層、可容納 5 百人的建築，由於曾為王室專用，可發現處處極為華麗的裝飾，除大量採用白色大理石和瑪瑙為基材的內裝、飾以耶穌鑲嵌畫的美麗穹頂，亦有飾以耶穌誕生、受難、復活過程三道彩色玻璃窗的主殿，還有裝飾繁複的鍍金柱子和精美壁畫，都讓人覺得美不勝收。

拾階而上則能看到記錄教堂在戰爭中遭受波及的照片，與教堂不同時期的樣貌和設計，走上 270 級台階，還能到拱頂參觀，看到美麗的城內景致。地下層則有王室成員的華麗石棺，並有博物館可以參觀。由於晚上不時會有管風琴和合唱音樂會表演，如有興趣，買票時不妨先行詢問。

文 / 宋良音

Info.
柏林大教堂（Berliner Dom）
地址：Am Lustgarten 1, 10178 Berlin
電話：+49-30-2026-9136

97 布蘭登堡門
見證德意志民族興衰史

布蘭登堡門建於 1788 年，是新古典主義（Neoclassicism）風格建築，高 26 米，以希臘雅典衛城（Acropdis of Athens）的柱廊為藍本。門的上面是勝利女神拉著四匹馬的戰車銅像，1807 年被拿破崙（Napoléon Bonaparte）搶走，7 年後普魯士王國獲勝又拿了回來。布蘭登堡門見證了德意志民族的興衰，從歷史意義上說，這座門堪稱是「德意志第一門」和「德國凱旋門」。歷史上著名的美國總統雷根（Ronald Wilson Reagan）的演說「推倒這堵牆」（Tear Down This Wall）就是在這裡發表。

文 / 楊以謙

Info.
布蘭登堡門（Brandenburg Gate）
地址：Pariser Platz, 10117 Berlin

98 博物館島
蒐羅歐洲及近東藝術

博物館島（Museumsinsel）是施普雷河中一個四面臨水的小島，1797 年在考古學家、藝術教授的建議下，在此小島仿效巴黎和倫敦規模建造博物館。於是陸續建造了 5 座相鄰的博物館：老博物館（Altes Museum）、新博物館、老國家美術館（Alte Nationalgalerie）、佩加蒙博物館（Pergamon Museum）及博德博物館（Bode Museum）。博物館島上只展出「高貴藝術品」，指的是歐洲和近東藝術。

文 / 楊以謙、林美齡

Info.
博物館島（Museumsinsel）
地址: Tra Il Kupfergraben E la Sprea C'e L'isola Dei Musei, Il Museumsinsel, Berlin
號碼：+49-30-2664-24242

99 洪堡大學
諾貝爾獎得主搖籃

建於 1748 年的洪堡大學是柏林最古老的大學,也是第一所新制大學,對全世界的影響非常深遠。二次大戰之前,洪堡大學可說是世界學術中心。許多知名學者如愛因斯坦(Albert Einstein)、叔本華(Arthur Schopenhauer)、黑格爾(Georg Wilhelm Friedrich Hegel)等人都曾在此任教,共產主義之父馬克思(Karl Marx)、鐵血宰相俾斯麥(Otto von Bismarck)都是這裡的學生,至今已產生 29 位諾貝爾獎得主,成就驚人。

文 / 楊以謙

Info.
洪堡大學(Humboldt-Universität)
地址:Unter den Linden 6, 10099 Berlin
電話:+49-30-2093-70333

100 國家圖書館
千萬藏書動線順暢

除了有機建築經典「柏林愛樂音樂廳」之外，建築師夏隆過世後才
問世的「柏林國家圖書館」（Staatsbibliothek zu Berlin），也是夏
隆相當重要的晚期作品。與「柏林愛樂音樂廳」一樣，「柏林國家
圖書館」的外觀平易素淨，入口低矮，沒有特別的動線指示，但使
用者就是能順著這「看不見的軸線」，在千萬藏書中，找到自己需
要的地方。

文 / 楊以謙

Info.
柏林國家圖書館（Staatsbibliothek zu Berlin）
地址：Potsdamer Straße 33, 10785 Berlin
電話：+49-30-2660

柏林 Berlin 🏴

柏林是德國首都，也是第一大城，曾為普魯士王國（1701 - 1870）、德意志帝國（1871 - 1918）、威瑪共和國（1919 - 1933）及納粹德國（1933 - 1945）的首都。

位於歐洲平原的柏林，位於施普雷河和哈弗爾河的河口處，不僅是德國的交通中心，也是歐洲重要樞紐。城市周圍三分之一的土地由森林、公園、花園、河流和湖泊組成。

位置：德國東北部。

人口：約 340.5 萬人。

面積：約 889 平方公里。

氣溫：溫帶大陸性濕潤氣候，夏季涼爽宜人。夏日平均高溫23℃，最高溫可達 37℃；冬季平均低溫 -1.3℃。

時差：較台灣慢 7 小時（3 月底至 10 月底日光節約時間較台灣慢6 小時）。

小費：一般要另外支付 5 ~ 10%小費。用餐加上小費通常會加到整數，例如一杯咖啡 1.8 歐元，則需要付給餐廳 2 歐元。

交通：柏林市區交通四通八達，主要有區間地鐵（S-Bahn，類似火車的區間車，走較遠駛往郊區）、市區地鐵（U-Bahn，比較像是市內捷運）、火車（RE）、公車（buses）及電聯車（trams or streetcars）。

撥號：德國打到台灣：00+886-X（區域號碼去掉0）-XXXX-XXXX；台灣打到德國：002+49-XX（區域號碼去掉0）- XXXXXX。

地圖來源：達志影像

德國地圖

柏林地圖

曾懷慧 攝

明日柏林 **100** 個你一定要知道的
關鍵品味

明日柏林 100個你一定要知道的關鍵品味

作者	盧怡安等
商周集團榮譽發行人	金惟純
商周集團執行長	王文靜
視覺顧問	陳栩椿
商業周刊出版部	
總編輯	余幸娟
責任編輯	林美齡
封面設計	張福海
內頁設計完稿	吳靜宜
出版發行	城邦文化事業股份有限公司-商業周刊
地址	104台北市中山區民生東路二段141號4樓
傳真服務	（02）2503-6989
劃撥帳號	50003033
戶名	英屬蓋曼群島商家庭傳媒股份有限公司城邦分公司
網站	www.businessweekly.com.tw
製版印刷	中原造像股份有限公司
總經銷	高見文化行銷股份有限公司 電話：0800-055365
初版1刷	2015年（民104年）7月
定價	340元
ISBN	978-986-91878-2-4（平裝）

國家圖書館出版品預行編目(CIP)資料

明日柏林：100個你一定要知道的關鍵品味 / 盧怡安等作. --
初版. -- 臺北市：城邦商業周刊, 民104.07
　面；　公分
ISBN 978-986-91878-2-4(平裝)

1.遊記 2.德國柏林

743.719　　　　　　　　　　　　104010236

alive
城市品味書

説出品味故事，成就你的與眾不同。